ニッポンの総理大臣図鑑

Gakken

はじめに

　総理大臣が尊敬されなくなったのは、いつ頃からでしょうか。

　かつて、総理大臣は偉い人の象徴たる職業でした。子どもの頃、「ママ、僕は将来、総理大臣になる!」「はいはい、がんばって。じゃあ、これ」「何、これ?」「箒とちり取りよ。まずは我が家のそうじ大臣になってね」なんて、4コマ漫画を目にしませんでしたか?

　それはともかく、一国の政治的代表が、国民から尊敬を得られていない現況は、民主主義のうえで喜ばしくありません。こんな現況を招いた主たる原因は、総理大臣をはじめとする政治家の側にあるといえるでしょう。あやしい金、利権、不況、失言、女性問題、世襲議員問題…。政治家たちは、国民の信頼を失う数々の行為を、今の今まで積み重ねてきました。いったいどの総理が原因で尊敬されなくなったのか(ひょっとしたら、芸者遊びを明治天皇に叱られた初代・伊藤博文かもしれません)、そんな視点で本書を読んで頂いても楽しいと思います。

　一方で、総理大臣は、言うまでもなく重責かつ激務の仕事です。これに、ひるむことなく立ち向かっていった彼ら(男性だけですね。早く女性の総理大臣が誕生することを望みます)の姿を知ることも、国民の一人として大切なことでしょう。彼らは私たち国民の代表、つまり、私たちの代わりに立ち向かっているのですから。

　志半ばで倒れた総理大臣も、一人や二人ではありません。平民宰相と呼ばれた原敬は、東京駅で刺殺されました。ライオン宰相と呼

ばれた浜口雄幸も東京駅で銃撃され、総理辞任後に亡くなりました。犬養毅は五・一五事件で襲撃され、「話せばわかる」の言葉を残して世を去りました。加藤友三郎、加藤高明、大平正芳、小渕恵三は、在任中に病で倒れています。総理辞任後に殺害されたのは、伊藤博文、高橋是清、斎藤実、そして記憶に新しい安倍晋三です。

「男なら、危険を顧みず、死ぬとわかっていても行動しなければならない時がある。負けるとわかっていても戦わなければならない時がある。」これは、松本零士さんの作品・キャプテンハーロックの名言(映画『銀河鉄道999』より)ですが、現総理の石破茂は、かつて総理をめざす出馬会見で、この言葉を心境として引用しました(今も戦っていますよね、石破さん!)。

総理をやるのは命がけです。

断固たる決意が必要です。

本書は、初代・伊藤博文から103代新総理・石破茂までを、代ごとに全て解説しました。総理の人柄、業績を感じ取ってください。あなたの心を震わせる、あるいは、あなたを心から笑わせる総理はいるでしょうか。それは、いったい誰でしょうか。本書が、総理大臣、ひいては政治や近現代史に興味を持つ皆様の一助になることを願います。

それでは、お楽しみください。

ニッポンの総理大臣編集部

ニッポンの総理大臣図鑑　目次

はじめに ……………………………………………………………………………………… 002

明治の総理大臣
第1代 〜 第14代（1885年〜1912年）……… 008

〈マンガ〉日本初の憲法を作った初代総理・伊藤博文 ………………………………… 010

第1代	伊藤博文	012	第8代	大隈重信	026
第2代	黒田清隆	014	第9代	山県有朋	028
第3代	山県有朋	016	第10代	伊藤博文	030
第4代	松方正義	018	第11代	桂 太郎	032
第5代	伊藤博文	020	第12代	西園寺公望	034
第6代	松方正義	022	第13代	桂 太郎	036
第7代	伊藤博文	024	第14代	西園寺公望	038

大正の総理大臣
第15代 〜 第25代（1912年〜1927年）040

〈マンガ〉新時代の「平民宰相」・原敬の登場 ………………………………………… 042

第15代	桂 太郎	044	第21代	加藤友三郎	056
第16代	山本権兵衛	046	第22代	山本権兵衛	058
第17代	大隈重信	048	第23代	清浦奎吾	060
第18代	寺内正毅	050	第24代	加藤高明	062
第19代	原敬	052	第25代	若槻礼次郎	064
第20代	高橋是清	054			

昭和〈戦前〉の総理大臣
第26代〜第42代（1927年〜1945年） 066

〈マンガ〉五・一五事件で暗殺された「政界の長老」・犬養毅の登場 … 068

第26代	田中義一	070	第35代	平沼騏一郎	088
第27代	浜口雄幸	072	第36代	阿部信行	090
第28代	若槻礼次郎	074	第37代	米内光政	092
第29代	犬養毅	076	第38代	近衞文麿	094
第30代	斎藤実	078	第39代	近衞文麿	096
第31代	岡田啓介	080	第40代	東条英機	098
第32代	広田弘毅	082	第41代	小磯国昭	100
第33代	林銑十郎	084	第42代	鈴木貫太郎	102
第34代	近衞文麿	086			

昭和〈戦後〉の総理大臣
第43代〜第74代（1945年〜1989年） 104

〈マンガ〉日中国交正常化を実現した・田中角栄の登場 … 106

第43代	東久邇宮稔彦王	108	第55代	石橋湛山	132
第44代	幣原喜重郎	110	第56代	岸信介	134
第45代	吉田茂	112	第57代	岸信介	136
第46代	片山哲	114	第58代	池田勇人	138
第47代	芦田均	116	第59代	池田勇人	140
第48代	吉田茂	118	第60代	池田勇人	142
第49代	吉田茂	120	第61代	佐藤栄作	144
第50代	吉田茂	122	第62代	佐藤栄作	146
第51代	吉田茂	124	第63代	佐藤栄作	148
第52代	鳩山一郎	126	第64代	田中角栄	150
第53代	鳩山一郎	128	第65代	田中角栄	152
第54代	鳩山一郎	130	第66代	三木武夫	154

第67代	福田赳夫	156	第71代	中曽根康弘	164
第68代	大平正芳	158	第72代	中曽根康弘	166
第69代	大平正芳	160	第73代	中曽根康弘	168
第70代	鈴木善幸	162	第74代	竹下登	170

平成の総理大臣
第75代〜第98代（1989年〜2020年）・172

〈マンガ〉郵政民営化を推し進めた・小泉純一郎の登場 　　　174

第75代	宇野宗佑	176	第87代	小泉純一郎	200
第76代	海部俊樹	178	第88代	小泉純一郎	202
第77代	海部俊樹	180	第89代	小泉純一郎	204
第78代	宮沢喜一	182	第90代	安倍晋三	206
第79代	細川護熙	184	第91代	福田康夫	208
第80代	羽田孜	186	第92代	麻生太郎	210
第81代	村山富市	188	第93代	鳩山由紀夫	212
第82代	橋本龍太郎	190	第94代	菅直人	214
第83代	橋本龍太郎	192	第95代	野田佳彦	216
第84代	小渕恵三	194	第96代	安倍晋三	218
第85代	森喜朗	196	第97代	安倍晋三	220
第86代	森喜朗	198	第98代	安倍晋三	222

令和の総理大臣
第99代〜第103代（2020年〜）……224

〈マンガ〉「令和」時代の到来・安倍晋三から菅義偉へ 　　　226

第99代	菅義偉	228	第102代	石破茂	234
第100代	岸田文雄	230	第103代	石破茂	236
第101代	岸田文雄	232			

STAFF

カバー・本文イラスト	深川直美
マンガ	小坂伊吹
本文ライティング	野方いぐさ、富永玲奈、尾崎昂臣
装丁・本文デザイン	川名亜実(OCTAVE)
DTP	有限会社マウスワークス
編集協力	アルタープレス合同会社、二本木昭、宮澤孝子、岩﨑美穂

[読者のみなさまへ]
＊本書で紹介した出来事やエピソードには、複数の説・解釈がある場合もあります。
＊年代は西暦で示し、適宜、日本年号も付記しました。
　1872(明治5)年以前は日本暦と西暦に1ヶ月前後の違いがありますが、
　日本暦をもとにし、西暦には換算していません。
＊人物の年齢を示す場合は、原則として満年齢で示しています。
＊国名は、英・米・仏・伊・独・ソ連など略記している場合があります。
　ほかに政党名なども、適宜、略称を用いています。
＊原則として旧字体は用いていません。
＊内閣総理大臣の代、在任期間、出身地は、「首相官邸ホームページ」を参考にしています。
　https://www.kantei.go.jp/jp/rekidainaikaku/index.html

明治の総理大臣

第1代〜第14代
（1885年〜1912年）

明治のおもな出来事

1868(明治元)年	明治維新／戊辰戦争が始まる
1871(明治4)年	廃藩置県／日清修好条規締結／岩倉使節団の派遣
1874(明治7)年	板垣退助が立志社を結成／民撰議院設立の建白書
1875(明治8)年	樺太・千島交換条約の締結／江華島事件
1876(明治9)年	日朝修好条規締結
1877(明治10)年	西南戦争が始まる
1880(明治13)年	国会開設の請願
1881(明治14)年	明治十四年の政変／板垣退助が自由党を結成
1882(明治15)年	大隈重信が立憲改進党を結成
1885(明治18)年	太政官制の廃止・内閣制度が始まる
1889(明治22)年	大日本帝国憲法の発布
1890(明治23)年	第一回衆議院議員総選挙
1894(明治27)年	日清戦争が始まる
1895(明治28)年	下関条約の締結
1900(明治33)年	伊藤博文が立憲政友会を結成
1902(明治35)年	日英同盟の締結
1904(明治37)年	日露戦争が始まる
1905(明治38)年	統監府の設置
1909(明治42)年	伊藤博文がハルビンで暗殺される
1910(明治43)年	韓国併合条約の締結
1912(明治45)年	明治天皇が崩御

日本初の憲法を作った初代総理・伊藤博文

第1代 伊藤博文（いとう ひろぶみ）

在任 1885（明治18）年12月22日〜
1888（明治21）年4月30日

農民出身ながら、内閣制度を発足させ初代総理大臣に就任

明治維新と新政府の誕生

　記念すべき初代の内閣総理大臣が、伊藤博文だ。伊藤が生まれたのは、まだ士農工商の身分制度があった江戸時代。伊藤は農家の長男として生まれた。

　1867年、明治天皇の名で発せられた「王政復古の大号令」により、江戸幕府は終わりを迎える。それまでの武家政治に代わって、天皇を中心とする新政府が誕生したのだ。

　その翌年、江戸は東京に名前が変わり、元号は「明治」と改められた。

　明治政府は最高行政機関として太政官を設置。明治維新を成し遂げた西郷隆盛・大久保利通・木戸孝允の「維新の三傑」と呼ばれる

明治の総理大臣　1～14代

人たちが、新政府の権限を握った。しかし、太政官制は近代国家を目指す日本には、まだまだそぐわないものであった。

西郷・大久保・木戸亡きあとの明治政府を率いた伊藤博文は、時間をかけて慎重に準備し、進んだ西欧諸国にならって、新しい国家にふさわしい内閣制度への移行を奏上した（天皇に申し上げた）。

内閣制度発足と初代総理大臣

1885（明治18）年12月22日、太政官制は廃止され、内閣総理大臣をリーダーとする内閣制度が発足した。その初代総理に就任したのが44歳の伊藤だった。これほどの若さで総理大臣になった者は、その後の長い歴史でも誰一人としていない。史上最初で、最年少の総理だった。

このときの内閣や総理大臣は、現代の私たちが知るものとは異なっている。伊藤が総理に就任したときには、まだ議会（国会）もなく、選挙も行われず、憲法は作られてもいなかった。

伊藤は幕末に尊王攘夷（天皇を尊び、外敵を打ち払おうとする思想）の志士として活躍し、新政府では重要な役職を歴任して伯爵になっていたとはいえ、長州藩（今の山口県）の農民出身である。そんな伊藤が日本政府の代表である内閣総理大臣の座に就いたのだ。これは身分制度が固定化されていた江戸時代ではありえないことだった。伊藤総理大臣の誕生は、まさに日本の新たな時代ならではのできごとだった。

多くの人材を輩出した松下村塾

吉田松陰という偉人がいる。彼が長州藩の私塾「松下村塾」で教えたのは短い期間だったが、彼の指導を受けた塾生から幕末・明治期の日本を支えていく者たちが数多く生まれている。若き日の伊藤や第3代の総理大臣である山県有朋も松下村塾で学んだ。この伝統もあって、総理大臣の出身県で一番多いのは山口県であり、その数はなんと8人にものぼる。

013

第2代 黒田清隆(くろだきよたか)

在任 1888(明治21)年4月30日〜
　　　1889(明治22)年10月25日

交渉は得意だったが、総理大臣としての実績は…

幕末に優れた交渉能力を発揮

　1840年、黒田清隆は薩摩国(今の鹿児島県)の下級藩士(武士)の長男として生まれた。示現流という剣術の使い手であり、腕力も強く、九州男児らしいたくましい人物だった。

　黒田には酒を飲んで暴れるという悪いくせもあったが、薩長同盟の成立では重要な役割を果たし、戊辰戦争では敵将だった榎本武揚を説得して降伏させるなど、対立の調整や交渉能力に優れていた。

　1874年に陸軍中将となった黒田は、開拓長官として北海道の開発を進めた。このとき黒田は、戊辰戦争では敵だった榎本ら旧幕府軍の者たちを開拓使に採用して、度量の広さをみせている。

明治の総理大臣　1～14代

その後1881年に開拓使の廃止の方針が決まり、政府は各種の事業を民間に払い下げることにした。だが、払い下げ額が異常に安かったことが、政府と一部の商人の不当な結び付きだとして、批判が高まった（開拓使官有物払い下げ事件）。黒田は開拓長官を辞職することになり、この事件で名声に傷がついた。

不平等条約を改正しようとしたが…

1888（明治21）年4月30日、憲法制定に専念するため辞任した伊藤の後任として、黒田は伊藤の指名で第2代総理大臣に就任した。伊藤内閣から引き継いだ課題は、大日本帝国憲法の発布と外国との不平等条約の改正だった。

1889（明治22）年2月11日に大日本帝国憲法が発布されるが、黒田自身は憲法の制定には深く関与していない。

黒田は条約改正に躍起になったが、かえってその急すぎるやり方が非難されてしまう。交渉は難航し、1889年10月には外務大臣の大隈重信が爆弾テロにより重傷を負ってしまう。黒田は条約改正交渉を中止、総理を辞任した。

結局、黒田の総理大臣としての実績には、あまり大きなものがない。黒田は薩摩藩出身の有力者だったが、同郷の者たちからの評判が悪く、その協力が得られなかった。これも総理として活躍できなかった理由といわれる。

総理の親友

敵将だった榎本を厳罰から救う

新政府軍の黒田は、戊辰戦争の最終決戦となった箱館戦争で、旧幕府軍を率いる榎本武揚と戦った。旧幕府軍は降伏したが、榎本の能力を惜しんだ黒田は「榎本を殺すなら、そんな新政府、自分は辞めて坊主になる」と言って命を助けようとした。黒田の願いにより投獄されていた榎本は釈放され、その後、明治政府に仕えて何度も大臣になっている。

015

第3代 山県有朋(やまがたありとも)

在任 1889(明治22)年12月24日〜
　　　1891(明治24)年5月6日

奇兵隊で活躍し、陸軍のトップになった長州藩の大物

近代陸軍の創設に努めた

　山県は1838年に長州藩(今の山口県)に生まれた。山県の父は、足軽(低い身分の武士)ながら学問に優れた人で、山県は父から勉強を習い、武芸に励んだ。

　1858年、長州藩は世の中の動きを学ばせるため伊藤博文ら6人の若者を京都へ派遣した。そのうちのひとりが20歳の山県だった。京都で尊王攘夷思想に共感した山県は長州に帰ると、尊皇攘夷について深く学ぶため、吉田松陰の教える松下村塾に入門した。吉田松陰から多大な影響を受けた山県は、死ぬまで「(自分は)松陰先生門下生」であると言い続けていた。

　幕末の山県は奇兵隊のメンバーとして活躍した。奇兵隊とは、長

明治の総理大臣　1〜14代

州藩の正規の兵以外で組まれた軍隊である。新政府が成立すると、奇兵隊を含む長州藩諸隊は新政府軍の一部となり、山県は戊辰戦争を転戦した。やがて山県は陸軍大輔(中将)に就任。陸軍のトップとなった。

日本初の総選挙と帝国議会の召集

1889(明治22)年10月25日の黒田清隆辞任後、総理大臣は内大臣三条実美が兼任していた。同年12月24日、明治天皇の命令により、山県は現役軍人のまま総理大臣に就任した。

1890年7月1日、第1次山県内閣において第1回衆議院議員総選挙が行われた。このときの帝国議会(今の国会)は貴族院と衆議院の二院制で、選挙で選ばれるのは衆議院議員のみである。女性にはまだ選挙権・被選挙権はなかった。選挙の結果は政府に反対する民党(野党)が圧勝した。

11月25日には第1回帝国議会が開かれるが、軍事費を増大させる山県の予算案に民党が猛反対し、議会はもめにもめた。翌年3月にようやく予算案が通過する。議会運営に疲れたのか、第1回帝国議会の閉会後に山県は総理大臣を辞めると表明、5月に総理を辞任した。

黒田内閣での憲法制定、山県内閣での国会開設は、初代総理の伊藤が決めた路線に沿ったものだった。山県独自の政策としては、府県制・郡制(地方自治制度)の制定や教育勅語の発布などがある。

総理の軍隊

武士より強かった「奇兵隊」

長州藩士・高杉晋作が1863年に創設した戦闘部隊が「奇兵隊」だ。武士階級だけでなく町人や農民などさまざまな身分の者の混成部隊だった。奇兵隊の結成以降、藩士(武士)以外の者で構成される多くの部隊が誕生し、長州藩諸隊と呼ばれた。山県は当初は奇兵隊の軍監(幹部)だったが、のちに奇兵隊の実質的なリーダーとなり、倒幕軍の主力として活躍した。

第4代 松方正義（まつかたまさよし）

在任 1891(明治24)年5月6日〜
　　　1892(明治25)年8月8日

大蔵大臣として名高いが、総理としては…

明治期を代表する財政のプロ

　薩摩藩出身の黒田清隆が総理大臣を辞任後、第3代総理となったのは長州藩出身の山県有朋であった。山県が政権を投げ出すように辞任すると、伊藤博文は次の総理大臣を薩摩出身者にしようと考えた。つまり薩長による政権の持ち回りである。こうして第4代総理大臣に就任したのは、第1次伊藤内閣で初代大蔵大臣となり、黒田内閣、山県内閣でも大蔵大臣を務めた薩摩出身の松方正義だった。

　松方は1835年、薩摩国に下級武士の子として生まれた。藩校（藩士の子どもの学校）の造士館で学んだのち勘定所（藩の財政や民政を担当する役所）で働き始める。同郷の大久保利通に財政の才能を評

明治の総理大臣　1〜14代

価され、明治維新後は大蔵官僚となって頭角を現した。幕末期の松方はそれほど目立った存在ではなかったが、西郷隆盛や大久保利通らが亡くなり、松方に薩摩出身の大物として総理の役目が回ってきたのだ。

日本を揺るがす大事件が発生

　松方が総理大臣に就任してわずか6日目に大津事件と呼ばれる大事件が発生した。1891（明治24）年5月11日、日本を訪問中だったロシア帝国の皇太子が、滋賀県大津で警備にあたっていた警官にサーベルで斬りつけられたのだ。皇太子は負傷したものの命に別状はなかったが、この事件の報復のためロシアが攻めてくるという噂が広がり、日本中が震えあがった。明治天皇はただちに皇太子を見舞って謝罪、帰国前には神戸に寄港するロシア軍艦をふたたび見舞った。こうした日本側の素早い謝罪もあって、ロシアが武力報復も賠償要求もしなかったことは幸いだった。

　この事件で大臣が次々に辞任し、松方内閣の力が弱まっていく中、同年11月に第2回帝国議会が開かれた。政府に反対の立場をとる民党が過半数を占める議会で、政府が提出した予算案はことごとく否決される。これに対抗するため、松方は解散権を行使して衆議院を解散、総選挙に持ち込んだ。これが、日本近代政治の歴史上で最初の議会解散である。しかし、第2回衆議院議員選挙で勝利できなかった松方内閣は行き詰まり、総辞職に追い込まれた。

子だくさんすぎて覚えられない!?

松方正義は1860年に薩摩藩士の娘・満佐子と結婚したが、妻以外にも数人の愛人がいて、15男11女と26人も子どもがいた（歳を取ってからの子どもは孫として届け出たという）。満佐子は自分以外の女性の産んだ子どもたちも一緒に育てた。あるとき明治天皇に「子どもは何人いるのか？」と聞かれた松方が、すぐに答えられなかったというエピソードが知られている。

019

第5代 伊藤博文

在任 1892(明治25)年8月8日〜
1896(明治29)年8月31日

日清戦争で清国に勝利したが、外交で失敗

ふたたび総理大臣に就任

　1888(明治21)年4月に伊藤博文は初代総理大臣を辞任して、憲法草案の審議のため新設された枢密院の初代議長に就任し、憲法制定と国会開設に向けての準備に全力を注いだ。

　こうして1889(明治22)年2月11日、黒田内閣において大日本帝国憲法(明治憲法)が発布された。日本が近代国家となるための大きな一歩だった。このとき伊藤は日本の貴族階級である華族たちに対して憲法について演説している。それは立憲政治(憲法に基づいた政治)の重要性と、一般国民の政治への参加を主張するものだった。

　1892年8月、第4代総理大臣だった松方正義の辞任を受け、伊藤はふたたび総理に就任することとなった。

明治の総理大臣　1〜14代

日清戦争での勝利と三国干渉

　第2次伊藤内閣の1894(明治27)年7月に日清戦争が始まった。近代日本にとって初めてとなる大規模な対外戦争であった。日本は、「眠れる獅子」と呼ばれ圧倒的に優勢と見られていた清国を打ち破る。このことは、世界に大きな衝撃を与えた。勝利した日本はアジアの近代国家と認められたが、清国は敗戦をきっかけに各国によって半植民地化され、やがて滅亡への道を進むことになる。

　1895(明治28)年4月17日、山口県下関で日本と清国の講和条約(下関条約)が結ばれた。伊藤も全権として出席している。この条約で、遼東半島などを清国から日本へ譲り渡すことが決められた。しかし、すぐにフランス、ドイツ、ロシアの三国が、遼東半島を清国に返還するよう迫った。これが「三国干渉」である。中でもロシアは武力行使してでも言い分を通そうとする姿勢を見せた。当時の日本にこれらの国と戦って勝つことは不可能だった。さらに三国干渉の勢いに乗って、清国が講和条約を拒否することも伊藤は恐れた。

　結局、ほかに方法がなく、日本政府は遼東半島の放棄を決定。この結果に「戦争に勝って外交に負けた」と国民は大いに怒った。三国干渉は、のちの日露戦争の遠因となった。

　日清戦争後に民党(野党)との協力関係が崩れた伊藤内閣は、政権維持が困難となり、1896(明治29)年8月31日に退陣した。

総理の代役

井上馨の「臨時代理」

もし総理大臣が病気やけがをしたらどうなるのだろうか。1892年11月に伊藤が交通事故で重傷を負ったため、井上馨内務大臣が「総理大臣臨時代理」に就任、翌年2月まで務めた。明治憲法では、総理が病気やけがで執務不能または行方不明になった場合、ほかの大臣が総理を臨時に代行することを「臨時代理」として定めていた。

021

第6代 松方正義(まつかたまさよし)

在任 1896(明治29)年9月18日～
1898(明治31)年1月12日

ふたたび総理に返り咲くが、またも短命政権に

大隈重信(おおくましげのぶ)と組んだ政権運営に失敗

　第5代総理大臣の伊藤博文(いとうひろぶみ)が辞任したのち、半月以上の間、黒田(くろだ)清隆(きよたか)が総理大臣を臨時兼任していたが、1896(明治29)年9月18日、二度目の大命降下(天皇の命令)を受けて松方正義(まつかたまさよし)がふたたび内閣総理大臣に就任した。これもまた、薩長による総理大臣の持ち回りである。

　第2次松方内閣は、外務大臣に進歩党の大隈重信(おおくましげのぶ)を迎えたことで、松方と大隈の名前から「松隈内閣(しょうわいないかく)」と呼ばれた。

　しかし、1897年10月に次年度予算の歳入(さいにゅう)不足が判明すると、松方は増税を提案。進歩党はこれに反対し、大隈は外務大臣を辞任した。進歩党に去られた松方は自由党と連立交渉するが失敗。12月

明治の総理大臣 1〜14代

25日に野党から内閣不信任決議案を突きつけられてしまう。松方は衆議院を解散し、直後に政権運営の自信を失って内閣総辞職した。ふつう衆議院を解散すればその後の選挙を自分で戦うもので、総辞職するのはとても珍しい。日本の歴史上、このときの松方の例だけである。

第2次松方内閣では、1897(明治30)年に貨幣法を制定し、当時世界の主流だった「金本位制」と呼ばれる制度を確立させた。これによって日本の貿易量は拡大し、近代産業の発展につながった。

「鈍い人」「自分の考えがない」と酷評された

政治的なリーダーシップに欠けていた松方は派閥をまとめることができず、二度の内閣とも短命に終わった。第2次伊藤内閣で外務大臣を務めた陸奥宗光は、松方を「あの程度の人間は、地方の村役場にもひとりやふたりはいる」と評し、のちに憲政の神様と呼ばれた尾崎行雄は松方を「鈍い人」「もし薩摩人でなかったら、総理大臣になれなかったろうと思う」と評している。国民からは、松方は自分の考えを持たずに人の尻について動く人だとして、「後入斎」などと呼ばれた。

しかし、明治天皇からの信頼は絶大で、財政も全面的に任された。日露戦争開戦にあたっては財政を補佐して元老会議を主導した。松方はこれにより日露戦争後に大勲位を受章している。

明治期を代表する財政のプロだった

総理大臣としての評価は低い松方だが、大蔵卿として日本銀行を設立、紙幣整理やインフレーション対策(松方財政)など、財政面では非凡な能力を発揮している。「我に奇策なし。ただ正直あるのみ」が信条であり、その政策は「石橋を叩いて渡る」とも評される実直なものだった。日清戦争の莫大な戦費も松方の指揮があってこそ、どうにか調達できたのだ。

023

第7代 伊藤博文（いとう ひろぶみ）

在任 1898(明治31)年1月12日～1898年6月30日

三度目の総理就任も政党に政権を譲（ゆず）り渡す

政党との連立を図るが失敗

　1898(明治31)年1月12日、三度目の大命降下を受けて伊藤博文が第7代総理大臣に就任した。伊藤は進歩党・自由党との大連立を試みたが失敗して、政党内閣ではない長州閥の超然（ちょうぜん）内閣として発足した。超然内閣とは、政党や議会（国会）の動向に左右されず、公正な政策を行おうとする内閣である。当時の内閣総理大臣は、今のように国会で選ばれるわけではないので、こうした内閣を作ることが可能だった。

　同年6月、進歩党と自由党が合同して憲政党という大政党が誕生する。これに対抗して、伊藤も新党結成を表明するが、反対にあい勢いを失った。一連の事態に伊藤は、大隈重信（おおくましげのぶ）（元・進歩党党首）と

板垣退助(元・自由党党首)を官邸に呼び、憲政党へ政権を譲り渡すことを申し入れた。大隈と板垣に大命が降下し、第3次伊藤内閣は半年に満たない短命で退陣した。

優れた国際感覚を持つ

　初代総理大臣に就き、合計で四度も総理を務めた伊藤とは、そもそもどういう人物なのか？　伊藤は1841年、周防国(今の山口県)の農家の長男として生まれた。やがて父親が長州藩の足軽の養子となったため、伊藤も下級武士の身分となった。

　伊藤が生まれる前年(1840年)にはイギリスと清国のアヘン戦争が開戦しており、11歳のとき(1853年)にはアメリカからペリーが浦賀に来航した。欧米諸国がアジアに押し寄せ、江戸幕府の体制が揺らいでいく激動の時代に伊藤は生まれ、育ったのだ。

　1859年に桂小五郎(のちの木戸孝允)の従者となった伊藤は長州藩の江戸屋敷に住み、ここで出会った井上馨らと親交を深め、尊王攘夷の志士として活動した。

　1863年に伊藤はイギリスに留学、1871年には欧米先進国の視察と調査のため派遣された岩倉使節団の副使を務め、その後も天皇の命でヨーロッパに滞在して各国の憲法を調査研究するなどしている。こうした海外での豊富な経験で磨かれた英語力と国際感覚を持つことが、伊藤の初代、そして合計四度の総理就任の決め手となったのだ。

贅沢はしなかったが悪いくせが……

伊藤は金銭に頓着せず、食事も質素で贅沢を好まなかった。ただし、伊藤の女性関係が派手であったことは有名で、その好色ぶりは当時の新聞の風刺画でも笑いものにされている(明治の政治家で最も多く風刺画に描かれたのが伊藤だった)。明治天皇にたしなめられると、伊藤は「ひそかに愛人を持つ者もいますが、私は公然としています」と開き直ったという。

第8代 大隈重信 おおくましげのぶ

在任 1898(明治31)年6月30日〜
1898年11月8日

失脚やテロを乗り越え、日本初の政党内閣を樹立

薩長出身ではない実力者

　1838年、大隈重信は肥前国(今の佐賀県)の上級藩士の長男として生まれた。明治維新後は藩の命令により長崎に赴任し、外交に手腕を発揮した。このことが評価され、1868年3月に明治新政府の参与、12月に外国官副知事、1870年に参議と順調に出世していった。1873(明治6)年には大蔵卿に就任、大蔵省および日本財政の責任者となる。

　しかし1881(明治14)年10月、大隈は「明治14年の政変」と呼ばれる事件で官職を辞任に追い込まれる。これは実力のある大隈が自分たちの地位をおびやかすことを恐れた薩長出身者が、政権中枢から大隈とその仲間を追放するための陰謀だった。

明治の総理大臣 1〜14代

　下野(民間人となること)した大隈は、1882(明治15)年4月に立憲改進党(のちに進歩党)を結成、その党首となる。この前年には土佐藩士出身で自由民権運動(政府に対し民主的な改革を要求した政治運動)の主導者であった板垣退助も自由党を結成して、将来の国会開設に備えていた。

　一度は政権から追い出された大隈だが、第1次伊藤内閣では井上馨の後任として外務大臣に就任。続く黒田内閣、第2次松方内閣でも外務大臣を務めている(黒田内閣の1889年10月18日に大隈は爆弾テロにより右脚切断の重傷を負っている)。

　そして1898(明治31)年6月、大隈の進歩党と板垣の自由党が合同して憲政党を結成。伊藤内閣は憲政党に政権を譲った。

日本初の政党内閣の成立

　1898年6月30日、大隈は総理大臣に就任。内務大臣には板垣が就き、両者の名前から「隈板内閣」と呼ばれた。日本の内閣総理大臣は初代から7代にわたって薩長出身の人物が就任していた。これを打破したのが大隈だった。陸軍大臣と海軍大臣以外はすべて憲政党員であり、史上初の政党内閣が発足したのだ。

　しかし成果をあげることなく、わずか4ヶ月で大隈内閣は終わりを迎えた。党内の内紛で旧自由党系の大臣が辞職して新党を作ったからであった。

早稲田大学を創設した

明治14年の政変で下野した大隈は、翌年に東京専門学校(のちの早稲田大学)を設立。初代総長に就任した。大隈は、「早慶」と並び称される慶応義塾の創設者である福沢諭吉と当初は不仲だったが、のちに意気投合して友人となった。東京専門学校の開校式には福沢も出席している。大隈は、同志社大学の創設者・新島襄や日本女子大学の創設者・成瀬仁蔵とも親交があった。

第9代 山県有朋(やまがたありとも)

在任 1898(明治31)年11月8日〜
　　　1900(明治33)年10月19日

ふたたび総理となり、辞職後も「黒幕(くろまく)」になる

軍部の政治への介入(かいにゅう)を招く制度

　大隈重信(おおくましげのぶ)の政党内閣が崩壊(ほうかい)すると、1898(明治31)年11月8日、山県有朋はふたたび総理大臣に就任した。第2次山県内閣は1900年5月に、陸軍大臣と海軍大臣は現役の大将・中将に限るとした「軍部大臣現役武官制」を制定。これによって、どんなに国民の支持を受けている内閣でも、軍部の協力が不可欠となり、軍部の気に入らない内閣を倒せる道を開くことになった。

　同年6月には清国で義和団(ぎわだん)の乱(北清事変)が発生。山県はイギリスの要請(ようせい)を受けて日本軍を北京に派兵し、8か国連合軍の一員として義和団の鎮圧にあたらせている。

　同年9月、伊藤博文が新党・立憲政友会を設立すると、後継(こうけい)に伊

明治の総理大臣　1〜14代

藤を指名して山県は総理を辞任した。これには準備不足のまま伊藤に組閣させて、政友会を失敗させようという思惑があった。

なお、第2次山県内閣は711日間続いたが、誕生してから総辞職まで閣僚の交代が一度もなかった。これは閣僚の交代のない内閣の連続在任期間として、最長の記録となっている。

総理辞職後も「大物」であり続ける

第4次伊藤内閣が退陣すると、山県は後輩の桂太郎の総理就任を推し進めた。このように、山県は、辞職後も軍や政界に影響力を持ち続けていた。とくに伊藤博文亡きあとは、山県に逆らえば政治生命が危ういという状況となり、最大の発言力をもつ「黒幕」として絶大な権力を握っていた。政界には「山県閥」というべき派閥があり、そこから桂・寺内正毅・清浦奎吾・田中義一の4人が総理となっている。

日露戦争で山県は大本営（日本軍の最高統帥機関）のメンバーとなり戦争指導の中心的地位につくが、作戦や人事への口出しから軍を混乱させることもあった。軍創設期の功績から「陸軍の父」とも呼ばれる山県だったが、晩年の山県については低く評価する声も大きい。

1922年2月1日、83歳で死去。同月9日に日比谷公園で国葬が営まれた。山県の死により、薩長出身者による政治支配は終わりを迎えた。

総理の趣味

「日本陸軍の父」の風雅な一面

山県は「自分は一介の武弁（武士）」が口ぐせで、常に軍人であることを意識していたという。一方で生涯に数万首の和歌を詠み、漢詩や仕舞、書を好む趣味人でもあった。東京の庭園「椿山荘」は、山県の案をもとに造園されたものだ。健康に気をつかっていた山県は規則正しく質素な生活を送ることを心がけ、毎朝の乾布摩擦と朝食後の槍の稽古（槍の達人だった）を日課とした。

029

第10代 伊藤博文

在任 1900(明治33)年10月19日〜
1901(明治34)年5月10日

辞職後、
異国の地で
凶弾に倒れる

四度目の総理大臣に就任するも……

　1900(明治33)年9月に立憲政友会を創設した伊藤は、その初代総裁となった。同年10月に発足した第4次伊藤内閣は、これまでの三度の伊藤内閣とは異なり、立憲政友会を与党とする政党内閣(議会内で多数を占める政党により組織された内閣)であった。

　しかし、できて間もない政党としての体制が整わない状態での組閣だったこともあり、内部分裂を起こして、翌年5月に伊藤は総理を辞任した。その後、立憲政友会は伊藤の手を離れて西園寺公望と原敬らが中心となり、やがて大正デモクラシーで大きな役割を果たすことになる。

　総理辞任後の伊藤は枢密院議長に就任。1904(明治37)年、日本

明治の総理大臣 1〜14代

とロシアの間で、満州（今の中国東北部）と韓国をめぐる戦争が起こった。日露戦争である。この戦争で伊藤は、当時のアメリカ大統領セオドア・ローズヴェルトに講和（戦争をやめて平和を回復すること）の仲介を依頼し、これが翌年のポーツマス条約（日露講和条約）締結につながった。

暗殺による死と伊藤の功績

1905（明治38）年11月の第2次日韓協約の締結により、日本は韓国の外交権を取り上げて、韓国を保護国とした。この協約に基づき、12月には統監府（日本政府の代表機関）が設置され、伊藤が初代統監に就任した。伊藤は1909年6月には統監を辞任していたが、同年10月26日、ロシア蔵相との会議のため満州のハルビン市を訪れた。このとき、ハルビン駅構内で韓国の独立運動家・安重根により拳銃で撃たれて暗殺された。68歳だった。

明治には7人の総理大臣がいたが、中でも任命権者である天皇から最も信頼されたのが伊藤だったといわれる。陽気で開放的、義を重んじ、損得抜きに行動する伊藤を明治天皇は好んでいた。

総理大臣としての伊藤の功績は、日本の近代化を推進したことである。中でも憲法の制定とそれに基づく統治により、日本に立憲政治を根づかせたことだ。日本がアジア初となる立憲体制に移行できたことは伊藤の手腕によるところが大きく、ヨーロッパ諸国からも高い評価を得ている。

かつては1000円札の肖像画

伊藤はかつて1000円札に肖像として描かれていた。このお札は1986（昭和61）年に発行が停止されたが、年配の人には、今でも伊藤を1000円札とともに思い出す人が多い。お札の顔として選ばれたということは、伊藤がそれだけ日本を代表するような人物であったことの証ともいえる。ちなみに、札に描かれた総理はもうひとりいて、第20代の高橋是清（50円札）である。

031

第11代 桂太郎（かつらたろう）

在任 1901（明治34）年6月2日～
1906（明治39）年1月7日

気くばりのできる
「ニコポン宰相」は
日露戦争に勝利

愛想のよさで出世した？

　1901（明治34）年6月、陸軍大将だった桂太郎が総理大臣に就任した。はじめは「次官内閣」「二級内閣」などとバカにした呼び方をされ、短い期間で終わる政権になると思われていたが、第1次桂内閣は4年7ヶ月という長期政権となった。

　誰にでも愛想がよく、人なつこく愛嬌があった桂は「ニコポン宰相」とあだ名された。これは桂がニコニコ笑いながら背中をポンと叩いて相手を手なずけることから、新聞記者が名づけたものといわれる。桂はこうやって相手の心をつかみ、長州の先輩だった木戸孝允や山県有朋に気に入られ、引き立てられた。桂の先輩に対する気づかいは相当なものであったといわれる。そんな抜け目のない

明治の総理大臣　1〜14代

行動が、政治家としての出世につながったのだろう。

　1902(明治35)年1月30日、桂内閣において日英同盟が締結された。日本と大英帝国(イギリス)の同盟成立は、世界をおどろかせた。

日露戦争で勝利を収めるが……

　日英同盟によって日本の周辺に近づこうとするロシアの勢いは止まるのではと思われたが、現実はそうはならなかった。そして、1904(明治37)年2月、桂内閣は開戦を決意する。世界有数の軍事大国であったロシアとの戦争に日本は勝利し、世界をさらにおどろかせることとなった。

　1905年9月、アメリカの仲介により日本とロシアは講和条約(ポーツマス条約)を結ぶが、勝利はしたもののすでに戦争を続けるだけの力がなくなっていた日本は、賠償金要求をあきらめるしかなかった。この講和条件は屈辱だとして国民は反発し、日比谷焼き打ち事件をはじめとする暴動が各地で発生、ついには戒厳令が敷かれるまでになった。戦争を指導してきた桂内閣は責任を取って翌年1月に退陣した。

　こうした国内の混乱はあったものの、日清戦争に続いて日露戦争にも勝利したことで、世界から見た日本の評価は高くなった。明治維新からの悲願であった不平等条約の改正にも良い影響を与えた。日本は列強(世界規模の影響力を持つ国々)の仲間入りを果たしたのである。

総理の配慮

日露戦争でのロシア兵捕虜の扱い

桂内閣は国際世論に気をつかい、ハーグ陸戦条約(戦時国際法)を守って捕虜を人道的に扱った。日露戦争では7万数千人のロシア兵捕虜が日本国内に収容されたが、収容所となった神社や寺の周囲には鉄条網もなく、捕虜たちは決められた範囲内なら自由に出歩いて、酒を飲むこともできた。捕虜たちに強制労働させることはなく、終戦後にロシアに送り返された。

033

第12代 西園寺公望(さいおんじきんもち)

在任 1906(明治39)年1月7日〜
1908(明治41)年7月14日

「お公家(くげ)様」総理は
日露戦争の
後始末(あとしまつ)を引(ひ)き継ぐ

公家出身の内閣総理大臣が誕生

　西園寺公望(さいおんじきんもち)は1849年、公家である徳大寺家に生まれた。

　1871(明治4)年にはフランスに留学。西園寺は20代のほとんどの期間をパリで暮らし、ソルボンヌ大学で初の日本人卒業生となっている。

　1882(明治15)年に伊藤博文(いとうひろぶみ)が憲法調査のためヨーロッパに行ったとき、西園寺は伊藤に同行し、ウィーン大学では伊藤とともにローレンツ・フォン・シュタインに憲法を学んだ。伊藤の腹心となった西園寺は、1894(明治27)年に第2次伊藤内閣の文部大臣(のちに外務大臣も兼任)として内閣の一員となり、第3次伊藤内閣でも文部大臣を務め、第4次伊藤内閣では内閣総理大臣臨時代理とし

明治の総理大臣　1〜14代

て伊藤の代役を果たすまでになった。1903(明治36)年には伊藤の後任として立憲政友会の第2代総裁に就任する。

1906(明治39)年1月7日、桂太郎の後任として総理大臣に就任。明治天皇は「公家から初めて首相が出た」と喜んだ。

日露戦争の戦後処理に苦戦する

西園寺内閣は南満州からの撤兵問題や日仏・日露協約の締結に取り組み、アメリカと調整して列強との関係を安定させた。しかし、日露戦争にかかった大きな費用は戦後の財政に重くのしかかることになった。税金は引き上げられ、物価は高騰、国民生活の苦しさは増していった。

こうした世相から1906(明治39)年2月に日本社会党が成立し、このころから各地で労働争議(労働者が賃金や労働条件などの待遇をめぐって経営者と争うこと)が増え始めた。中でも足尾銅山争議は暴動にまで発展した。

1908(明治41)年5月の第10回衆議院議員総選挙で立憲政友会は衆議院で過半数をとった。このことに危機感をもった政敵の山県有朋は、社会主義運動への対応が不十分であるなど西園寺を批判して、西園寺内閣の倒閣運動を始めた。ふたたび総理を目指す桂の動きも活発になり、伊藤は韓国統監となっていたため相談もできず、西園寺は、選挙から2ヶ月後に天皇に辞表を提出することとなった。

西園寺に政治家を勧めた学者

総理の恩師

西園寺はソルボンヌ大学のほか、法政治学者のエミール・アコラスの私塾でも学んだ。西園寺に政治家となることを勧めたのはアコラスだったが、「政治家は常に思うところを言うことはできず、ときに嘘を言わなければならない」と答えた西園寺に、アコラスは「日本の政治家はときに嘘をつくだけか。フランスの政治家は常に嘘をついている」と言って大笑いしたという。

035

第13代 桂太郎 かつらたろう

在任 1908(明治41)年7月14日
〜1911(明治44)年8月30日

伊藤博文の暗殺、大逆事件など波乱の第2次内閣

伊藤博文暗殺と韓国併合

　1905(明治38)年7月の桂・タフト協定で、日本は韓国を保護国にすることをアメリカに事実上認められた。またポーツマス条約により、ロシアも韓国についての日本の権利を認めた。そんな中、初代韓国統監の伊藤博文は併合(他国を完全な統治下におくこと)をしない形での韓国統治を考えていた。

　しかし、1909年に韓国併合の方針が決まると、併合を否定してきた伊藤が韓国統監を続けることは難しくなった。伊藤は6月には統監を辞任。ところが、10月に伊藤は韓国の独立運動家に暗殺されてしまう。翌年8月22日、第2次桂内閣で日本政府は韓国政府に「韓国併合ニ関スル条約」に調印させ、同国を併合した。

明治の総理大臣　1〜14代

桂内閣を揺るがした大逆事件

　1908(明治41)年7月14日、このような難しい国際関係の中で、第2次桂内閣は、桂太郎が総理大臣と大蔵大臣を兼任して発足した。これは強いリーダーシップを発揮して適切な財政政策を行うためだった。日露戦争後の日本経済の危機的状況は続いており、桂は緊縮財政を徹底した。

　また同年10月には明治天皇の戊申詔書が発布された。これには日露戦争後の社会的混乱を静めて、国民の道徳で今後の国家発展にあたることが強調されていた。これにより郡市町村の自力での財政再建などを進めようという地方改良運動が本格的に始まった。桂は健全な思想を普及させることで、国にとって危険な思想を予防できると考えていた。

　そんな矢先、1910(明治43)年に桂内閣を揺るがす「大逆事件」が起こる。同年5月、長野県で社会主義者が明治天皇の暗殺を計画して爆裂弾を製造していたことが発覚、検挙されたのだ。これをきっかけに多くの社会主義者や無政府主義者が逮捕され、幸徳秋水ら12人もが死刑になった。非公開の不公正な裁判で、検察のでっち上げにより無実の者まで死刑となったとみられる。

　この大逆事件で社会不安を招いたことの責任を追及された桂内閣は、西園寺と政権を交代することを決めて、1911(明治44)年8月30日に総辞職した。

総理の気配り　恩人には大げさなほど気をつかった

維新三傑のひとりである木戸孝允は、桂の伯父・中谷正亮と親しかったため、桂に目をかけた。陸軍卿だった山県有朋に紹介して桂を陸軍に入れたのも木戸だった。のちに桂は駐在武官としてドイツに赴任するが、月に一度は木戸に手紙を送り、あて名は「木戸尊大人様閣下」としていた。仰々しいほどの敬称を平気で使う図太さが、桂の持ち味といえるかもしれない。

037

第14代 西園寺公望(さいおんじきんもち)

在任 1911(明治44)年8月30日〜1912(大正元)年12月21日

明治最後の総理。
辞職後は元老として
影の権力者に

明治天皇の崩御(ほうぎょ)により時代は「大正(たいしょう)」に

　1911(明治44)年8月30日、西園寺は61歳でふたたび総理大臣に就任した。

　在任中の1912(明治45)年7月30日に明治天皇が59歳で崩御(ほうぎょ)(天皇が亡くなること)する。明治時代が終わり、その日のうちに元号が変わり、大正時代を迎えた。

　このころ、伊藤博文(いとうひろぶみ)が暗殺されたことで陸軍出身の山県有朋(やまがたありとも)の発言力が増し、さらに1911年に清国で辛亥革命(しんがい)が発生したこともあり、陸軍は戦力を増やしたがっていた。西園寺がこれを拒否すると陸軍大臣が辞職。陸軍は後任者を出さず、軍部大臣現役武官制(→P.28)により、1912(大正元)年12月に西園寺内閣を総辞職に追

明治の総理大臣 1〜14代

い込んだ。

西園寺が最後の元老に

　総理辞任後の西園寺は、1916(大正5)年10月に正式に元老の一員となる。元老とは天皇の最高顧問で、重要政策や総理大臣の推薦に関与する役職だ。第1次世界大戦が終わり、1919年にパリ講和会議が開かれると、西園寺が首席全権として派遣された。ただ、それ以外は公職に就かず、西園寺は天皇に意見を求められて次の総理大臣を推薦するキングメーカー(裏で政治権力者の選出に影響力を持つ人物)となった。

　1922年2月に山県が、1924年7月に松方正義が死去すると、西園寺はただひとりの元老となった。以後、新たに元老が加わることはなく、「元老＝西園寺」であった。

　西園寺がただひとりの元老であった時代には、政党同士の対立が激しくなっていった。また汚職事件が続出したこともあり、政党政治への不満は高まった。1932(昭和7)年の五・一五事件以降、軍人による内閣が発足するようになる。イギリスの立憲政治を理想とする西園寺は政党政治に好意をもっていたが、その考えとはうらはらに、政党内閣の時代は終わりを迎えた。

　1940年11月24日、老衰により90歳で死去、日比谷公園で国葬が行われた。西園寺の死とともに元老制度も消滅した。

私塾立命館(現在の立命館大学)を創設

科学や英語、そして女子教育の重要性を認識していた西園寺は、1869(明治2)年に京都御所内に「私塾立命館」を創設。これは翌年には閉鎖されたが、西園寺の側近だった中川小十郎が1900(明治33)年に創設した京都法政学校が「立命館」の名を受け継ぎ、現在の立命館大学へと発展した。立命館大学は西園寺を「学祖」とし、学内には西園寺の蔵書を収めた「西園寺文庫」がある。

039

大正の総理大臣

第15代〜第25代
（1912年〜1927年）

大 正 の お も な 出 来 事

1912(大正元)年	大正に改元
1914(大正3)年	第一次世界大戦が始まる
1915(大正4)年	二十一カ条の要求
1917(大正6)年	ロシア革命が起こる
1918(大正7)年	米騒動／シベリア出兵／ 日本初の政党内閣、原敬内閣が成立
1919(大正8)年	パリ講和会議／朝鮮で三・一独立運動
1921(大正10)年	中国共産党の結成／原敬暗殺事件
1923(大正12)年	関東大震災が発生
1924(大正13)年	第二次護憲運動
1925(大正14)年	日ソ基本条約の締結／治安維持法の制定／ 普通選挙法の制定
1926(大正15)年	大正天皇が崩御

新時代の「平民宰相」・原敬の登場

原敬は戊辰戦争で薩摩や長州の官軍と戦った東北の盛岡藩出身。少年時代は貧しく苦労して勉強した。

盛岡藩

勉強していつか官軍のやつらを見返してやるんだ

新聞記者や官僚を経験したのち、1900(明治33)年、伊藤博文らの政党・立憲政友会に入る。

原君！これからは政党政治の時代だ！

はい！

当時の政治は、「藩閥議員」と、原敬ら「政党議員」が常に対立していた。

明治政府を作ったのは俺たちだ！

いつまでも大きな顔をするな！

長州・薩摩藩出身 藩閥議員

政党出身 政党議員

その対立の中、藩閥系と政党系が交互に総理大臣を務める「桂園時代」がやってくる。

政党系 西園寺公望

藩閥系 桂太郎

原は西園寺の内閣で内務大臣となり、政党議員として実力をつけていく。

大事なのは「国民の利益」！

1914(大正3)年には、立憲政友会の第3代総裁となった。

043

第15代 桂太郎（かつらたろう）

在任 1912（大正元）年12月21日〜
1913（大正2）年2月20日

民衆の怒りが爆発。「大正政変」で、内閣が総辞職

安定していた「桂園時代」

　1901（明治34）年から1913（大正2）年までの期間を「桂園時代」と呼ぶ。これは藩閥系の桂太郎と政党系の西園寺公望が交互に政権をになった時期であり、「情意投合の時代」とも呼ばれた。情意投合とは、官僚および軍部勢力と立憲政友会が暗黙のうちに意思疎通を図って政権運営に協力していく政治体制のことで、政治的に安定していた時期とされる。

　1912（大正元）年12月に第2次西園寺内閣が退陣すると、次の総理大臣を誰にするか、元老会議の候補者選定は難航した。結局、大正天皇の侍従長で内大臣として宮中に押し込められていた桂が、第3次内閣を発足させることになった。

大正の総理大臣　15〜25代

しかし、西園寺内閣をつぶしたのは陸軍と藩閥（薩長の出身者）政治家の横暴であるとの批判が高まり、12月19日に東京の歌舞伎座で開かれた憲政擁護大会では「閥族打破・憲政擁護」が決議された。この大会には立憲政友会や立憲国民党の政治家、新聞記者や実業家、学生などが参加し、多くの聴衆が集まった。これは憲政擁護運動（第1次護憲運動）と呼ばれる大きな民衆運動となっていく。

大正政変と桂の新党設立構想

翌1913（大正2）年1月には護憲運動は全国へ広がり、重税に苦しむ多くの民衆が参加した。立憲政友会と立憲国民党は内閣不信任決議案を提出。桂は議会を停会するが、議会が再開する2月10日には数万人の群衆が帝国議会議事堂を取り囲んだ。桂がふたたび議会を停会すると、怒った民衆が交番や新聞社を襲撃する事態となった。

内乱を恐れた桂内閣は同年2月20日に退陣。この「大正政変」は、民衆の抗議運動が内閣を打倒した初の事例である。この民衆運動は、のちの大正デモクラシーへとつながることになった。

辞職後の桂は同年10月10日に癌により死去。65歳だった。国葬にはならなかったが、葬儀には多くの民衆が参列している。

なお、護憲運動のさなかに、桂は立憲政友会に対抗するための新党設立を構想している。この「桂新党」ともいえる立憲同志会（のちの憲政会）が実現したのは桂の死の2ヶ月後だった。

歴代2位の総理大臣在職日数

桂太郎は3度（第11、13、15代）にわたって内閣総理大臣を経験し、通算在職日数は2886日におよんだ。これは長い間、歴代1位となる最長在職日数だった。2019年に安倍晋三（第90、96、97、98代総理大臣）の通算在職日数が2887日となって桂の記録を抜くことになったが、そこまで100年以上の間、破られることがなかった。

045

第16代 山本権兵衛(やまもとごんべえ)

在任 1913(大正2)年2月20日～
1914(大正3)年4月16日

海軍の育ての親が海軍の疑獄事件で追い込まれる

海軍大臣として日本海軍を育てあげる

　1852年、山本権兵衛は薩摩国(今の鹿児島県)に薩摩藩士の六男として生まれた。戊辰戦争で戦った後は海軍兵学寮で学び、海軍軍人となった。日清戦争では、西郷従道海軍大臣の副官として活躍した。

　1898(明治31)年11月に海軍大臣に就任すると、日露戦争が終わる直後の1906年1月まで海軍のトップとして君臨。日本海軍を戦争に勝てる軍隊とするため、さまざまな改革を進めた。それは人材の育成や国内での軍艦の建造だけでなく、軍艦内の食事にカレーライス導入を奨励するなど、乗組員の健康への気づかいにまで及ぶものだった。さらに、それまで陸軍参謀本部の一部だった海

046

軍軍令部を独立させ、海軍を陸軍と対等の関係とするなど、まさに「日本海軍の父」として活躍した。

大正最大の疑獄事件で退陣

　1913（大正2）年2月20日、山本は総理大臣に就任。松方正義以来、約15年ぶりとなる薩摩出身の総理となった。

　山本内閣は官吏（役人）を人員削減し、文官任用令を改正するなどの改革を進めた。また、第2次西園寺内閣が退陣するきっかけとなった「軍部大臣現役武官制」の改正に成功。これまで陸海軍大臣は現役の大将と中将に限られていたが、これを予備役・後備役（現役ではない軍人）まで広げることで、軍部の勢力拡大を防ぐことができるようになった。

　しかし、「ジーメンス事件」が起こったことで、山本内閣は終わりを迎える。これはドイツの電機製造会社ジーメンスが日本海軍の高官に賄賂を贈っていた事件で、さらにイギリスのヴィッカーズ社も、巡洋戦艦の発注にあたって賄賂を贈っていた。

　山本自身はこの汚職事件に関係していなかったが、海軍の大物である山本と内閣への不信が高まり、予算案が否決されたことから、山本内閣は総辞職に追い込まれた。

　総理辞任後の山本は予備役に編入されるが、約9年後にふたたび総理大臣に就くことになる。

総理の母校

海軍士官を養成した海軍兵学校

山本が卒業した海軍兵寮は、大日本帝国海軍の士官を養成するために設立された教育機関で、1876（明治9）年にその名が変わって海軍兵学校となった（これに海軍機関学校、海軍経理学校を加えて海軍三校と呼ばれた）。イギリスの王立海軍兵学校、アメリカ合衆国海軍兵学校と並ぶ世界三大兵学校といわれ、1万人以上の卒業生を送り出したが、戦後に閉校した。

第17代 大隈重信(おおくましげのぶ)

在任 1914(大正3)年4月16日〜
　　　1916(大正5)年10月9日

国民的人気により
16年ぶりに
総理に返り咲く

高齢ながら、ふたたび総理就任

　1914(大正3)年4月に退陣した山本権兵衛の後任として総理候補にあがったのが、7年前に政界を引退していた大隈重信だった。同月10日の元老会議で山県有朋は大隈を推薦。組閣の打診を受けた大隈は立憲同志会総裁の加藤高明を総理に推したが、元老・井上馨の説得で、同月16日に第2次大隈内閣を発足させた。このとき大隈は76歳。一度退任した人物がふたたび総理に就任するまでの16年というブランクの長さは、いまだに破られていない記録だ。

　同年7月に第1次世界大戦が起こると、日本はイギリスやアメリカなどの連合国側に立って8月にドイツに宣戦布告。山東半島の青島(チンタオ)要塞や南洋諸島のドイツ軍の攻略に成功し、国内は戦勝

大正の総理大臣　15〜25代

ムード一色となった。翌1915年1月には中華民国政府に対し「二十一か条の要求」を突きつけるが、これは列強に反発されることになる。

「国民葬」で送られる

その後、第2次大隈内閣は衆議院を解散して、1915年3月に総選挙を実施したが、選挙後に議員買収工作があったことが発覚。7月には大隈も辞表を出すが、大正天皇はそれを受け入れず、内閣改造を行って大隈内閣はさらに続くことになった。

1916(大正5)年9月、高齢もあって大隈は自分の後継者として加藤高明の総理就任を望んだが、これは元老に拒否されている。退任時の大隈は満78歳6ヶ月。これは日本の総理大臣で退任時にもっとも高齢だった記録となっている。

大隈は日本で初めて地方をめぐって演説を行った総理とも言われており、演説がうまかった。退任後は演説は行わなくなったが、新聞で意見を述べることがおもな活動となった。山県は大隈を元老に加えようとしたが、これを断っている。1922(大正11)年1月10日、83歳で癌により死去。

大隈と山県は同い年。山県は、大隈の死の20日後に死去し、国葬が営まれた。大隈は国葬にはならなかったが、早稲田大学主催の「国民葬」が日比谷公園で行われた。式には約30万人の一般市民が参列して、大隈との別れを惜しんだ。

字を書かないから記憶力に優れていた？

大隈は庶民的なイメージから国民に人気があった。とはいえ、実際には土地の投機などで大儲けしており、贅沢な生活を送っていた。大隈は多くの本を出しているが、これらはすべて大隈がしゃべることを筆記したものであり、大隈自身が実際に書いたものではない。学生時代に字のうまい友人がいたため、負けず嫌いの大隈は字を書くことをやめ、勉強はすべて暗記でこなしたという。

049

第18代 寺内正毅(てらうちまさたけ)

在任 1916(大正5)年10月9日～
1918(大正7)年9月29日

長州の後継者として
期待されたが
米騒動で退陣

「ビリケン宰相」の誕生

1852年、周防国(今の山口県)の長州藩士の三男として生まれた寺内正毅は、長州藩諸隊に入隊し、その後は新政府軍として戊辰戦争や箱館戦争で戦った。

第1次桂内閣で陸軍大臣になってからは、日露戦争の勝利に貢献。その後も引き続き第1次西園寺内閣、第2次桂内閣で陸軍大臣を務めた。寺内は長州の先輩である山県有朋や桂太郎に高く評価されており、長州閥の後継者として期待されていた。陸軍大臣と兼任で第3代韓国統監を務め、1910(明治43)年8月の韓国併合後は初代朝鮮総督に就任している。

第2次大隈内閣が総辞職した際、大隈は立憲同志会総裁の加藤

大正の総理大臣　15〜25代

高明を後任に推したが、政党嫌いの元老・山県が寺内を後押ししたことで、1916年10月9日、寺内は内閣総理大臣に就任した。

その風ぼうが「ビリケン（幸運の神の像）」にそっくりだったため、寺内は「ビリケン宰相」と呼ばれた。それに加えて、寺内内閣は政党に所属する議員からの入閣がなかったので、マスコミは「ヒリッケン（非立憲）」の意味もひっかけて「ビリケン内閣」と呼んだ。

寺内の総理就任の翌日、立憲同志会はほかの会派と合同して憲政会を結成し、寺内内閣への厳しい対決姿勢を見せた。

日本全国に広がった暴動事件「米騒動」

1918（大正7）年、米の値上がりで国民の生活が苦しくなる中、富山県で起きた騒ぎを始まりとして、「米騒動」とよばれる暴動事件が発生した。同年8月2日に寺内内閣がシベリア出兵（ロシア革命に干渉する目的での出兵）を宣言すると、米商人の売り惜しみがさらに米の価格を押し上げた。1都3府35県もの全国各地に広がった暴動の参加者は約70万人以上にのぼったとされる。寺内は軍隊を出動させて米騒動を抑え込もうとしたが、それがさらに批判を呼ぶことになった。

騒動は9月には静まってきたが、この責任を取って寺内内閣は9月29日に退陣した。

寺内は翌年11月3日に67歳で病死した。

総理のあだ名

「ビリケンさん」の正体

幸運の神の像として知られるビリケンは、日本古来のものではなく、意外にもアメリカ人イラストレーターがデザインしたものが原型といわれている。日本では大阪の通天閣にある「ビリケン像」が有名。

日本に初めて登場したのは1912年で、大阪の遊園地にビリケン像が置かれた。寺内自身は自分につけられたこのあだ名を気に入っていたようで、ビリケン像を3体も購入していたという。

051

第19代 原敬(はら たかし)

在任 1918(大正7)年9月29日～
1921(大正10)年11月4日

初の政党内閣誕生。「平民宰相(へいみんさいしょう)」として歓迎(かんげい)されたが…

政党政治時代の幕開け

　原敬(はらたかし)は1856年に陸奥国(むつのくに)(今の岩手県)に生まれた。1876年に司法省法学校(のちの東京大学法学部)に入学したが退校処分となっている。その後は新聞記者を経て、外務省に採用され、中国の天津(てんしん)やパリに赴任(ふにん)した。

　やがて陸奥宗光(むつむねみつ)に見出され、陸奥が外務大臣になると外務次官にまで出世する。1900年9月に立憲政友会が結成されると原も入党し、逓信(ていしん)大臣、内務大臣を務めた。

　米騒動で1918(大正7)年9月29日に寺内(てらうち)内閣が退陣すると、立憲政友会総裁の原が総理大臣に就任した。民主的な政治を求める国民を前に、政党嫌いだった山県有朋(やまがたありとも)も、ついに原を後継総理とし

052

大正の総理大臣　15〜25代

て認めざるをえなかった。

原内閣は日本初の本格的政党内閣といわれている。これは原が初めて衆議院に議席を持つ政党の党首という資格で、総理大臣に任命されたからだ。また閣僚も陸軍大臣・海軍大臣・外務大臣以外はすべて政友会の党員が就任した。

当時の日本には、華族と呼ばれる特権的な身分があったが、「爵位」を持たない身分の原は「平民宰相」と呼ばれ、庶民的なイメージで国民に歓迎された。大正デモクラシーが盛り上がる中、「平民宰相」は流行語となった。

東京駅で非業の死をとげる

原内閣は国民の期待を受けて誕生した。原は積極的にお金を使って産業の奨励や鉄道網の整備などを行ったが、その政策の多くは財閥や立憲政友会のためのもので、庶民にほとんど恩恵はなかった。

また、衆議院選挙法を改正したが、期待された普通選挙（納税額などを条件とせず、すべての成年に選挙権を与える制度）は導入せず、庶民の原内閣への期待は、徐々に失望へと変わっていった。

そして1921（大正10）年11月4日、当時65歳だった原は東京駅で国鉄職員に刺殺された。現役総理大臣の暗殺は前代未聞の大事件だった。

総理の家柄

元は上級藩士の出身だった

原は「平民宰相」として知られるが、原家は盛岡藩主の南部家に次ぐ名家であり、祖父は家老職にあった上級藩士の出身だった。これは、西園寺や近衛など公家出身者を除いては屈指の名家だが、原自身は19歳の時に分家しており平民籍となっている。総理就任以前から、原に爵位授与の話はあったが、原はそのたびに辞退して平民政治家として活動。やがて平民宰相となったのだ。

053

第20代 高橋是清
たかはしこれきよ

在任 1921(大正10)年11月13日～
1922(大正11)年6月2日

総理よりも、大蔵大臣として大活躍

波乱の青少年時代を送る

　1854年、江戸芝中門前町(今の東京都港区)に生まれた高橋是清は、生後間もなく仙台藩の足軽の養子に出された。その後、ヘボン塾(今の明治学院大学)で学び、1867年にアメリカに留学するが、学費や旅費を騙し盗られ、さらに奴隷として売り飛ばされるという悲惨な経験をしている(本人は奴隷扱いされているとは気づかなかったという)。

　帰国後は英語の教員などを務め、1873年に文部省に入り特許局の初代局長になった。その後、官僚を辞めてペルーで事業を行うが失敗。帰国後はホームレスだった時期もあったが、第3代日本銀行総裁となった川田小一郎に見込まれて日銀に入った。日露戦争の

際、日銀副総裁となっていた高橋は、戦争のための莫大な費用調達に成功する。1905年に貴族院議員となった高橋は、1911年に日銀総裁に就任した。

七度も大蔵大臣を務める

高橋は1913年、大蔵大臣に就任。1918年にも大蔵大臣となり、暗殺された原敬の後継として1921(大正10)年11月13日に総理大臣に就任した。在任中の課題だったワシントン軍縮会議は、高橋の次に総理大臣になる加藤友三郎らが首席全権委員として派遣され、条約に調印している。高橋自身は特に目立った実績もないまま、発足から7ヶ月後に高橋内閣はあっけなく総辞職した。

総理辞任後の高橋は政界を引退していたが、1927(昭和2)年に四度目の大蔵大臣に就任。1931(昭和6)年の犬養毅内閣でも大蔵大臣となり、犬養暗殺後は臨時に総理も兼任した。

そして1936(昭和11)年、七度目の大蔵大臣を務めていた高橋は、軍事費を削減しようとしたことで軍部の恨みを買い、二・二六事件で反乱軍に射殺された。このとき81歳だった。

大蔵大臣(今の財務大臣)は国の財政を担う役割で、閣僚の中でも特に重要な任務である。高橋の大蔵大臣在任期間は通算で3214日にものぼった。これは現在までで、歴代2位の記録である(1位は松方正義)。近代日本経済のかじ取りを務めた人物であった。

大蔵大臣として日本経済を再建

総理としての高橋に大きな功績はなかったが、総理辞任後に財政で実績を残した。犬養内閣で大蔵大臣となった時、日本経済は世界恐慌の影響により混乱に陥っていた。高橋は金輸出再禁止、公共事業などのさまざまな政策をとって、世界最速でデフレ(物価が下がり続ける現象)から日本を脱出させることに成功している。高橋は、日本経済を再建する救世主の役割を果たした。

第21代 加藤友三郎（かとうともさぶろう）

在任 1922(大正11)年6月12日～
　　　1923(大正12)年8月24日

海軍のエリートが
軍縮を進めたのち
在任中に病死

海軍大臣としてワシントン会議に出席

　1861年、加藤友三郎は安芸国（今の広島県）で下級藩士の三男として生まれた。海軍兵学校、海軍大学校を卒業した加藤は、海軍軍人として日清・日露戦争を戦った。

　日露戦争後の加藤は第1艦隊司令長官などの重要な役職を歴任したのち、第2次大隈内閣以後の四度の内閣で海軍大臣を務めた。そして1921（大正10）年に加藤は首席全権委員としてワシントン会議に出席した。これは史上初の国際軍縮会議。日本は保有できる戦艦などの数をアメリカやイギリスより少なく制限されて、不満な条件ではあったが、ここで決裂してアメリカとの建艦競争になるよりは得策と判断し、妥協して条約に調印した。

高橋内閣が立憲政友会の内紛により総辞職すると、元老・松方正義は後継となる総理の候補として加藤を推薦した。加藤自身は総理大臣の座にそれほどの興味はなかったといわれるが、立憲政友会幹部の説得もあり、総理大臣就任を決意した。

政党内閣時代に逆行する加藤内閣

　1922（大正11）年6月12日、加藤内閣が発足した。加藤は同年10月末日までに、ロシアのシベリアから日本軍を引き上げることを発表。寺内内閣で始まったシベリア出兵だったが、ワシントン会議の時点で出兵を続けているのは日本だけだった。

　さらに加藤はワシントン会議で決められた海軍軍縮を実行。戦艦など主力艦の廃棄、海軍軍人や兵器工場の人員の削減などを進め、陸軍でも将兵の整理縮小や兵役期間の短縮などが行われた。当時の軍事費は国家財政を大きく圧迫しており、こうした加藤の軍縮政策に対して軍部もあまり強く批判できない状況であった。

　加藤内閣は、官僚や貴族院を中心に組閣されたため、民主的な政党内閣に逆行する「逆転内閣」と評されたが、シベリア撤兵、軍縮の推進など重要な課題を解決した。次は普通選挙の実現を検討し始めていた加藤だが、在任中の1923（大正12）年8月24日に62歳で病死してしまう。外務大臣の内田康哉が総理大臣を臨時兼任したが、その8日後の9月1日に関東大震災が発生。総理大臣不在のときに未曾有の大災害に襲われることになった。

総理の軍歴

海軍軍人として日清・日露戦争を戦う

海軍大学校を卒業した加藤は、日清戦争で巡洋艦「吉野」の砲術長として黄海海戦などで活躍。日露戦争では連合艦隊参謀長兼第1艦隊参謀長として旗艦「三笠」に乗り、1905（明治38）年の日本海海戦に参加した。有名な「皇国ノ興廃コノ一戦ニ在リ。各員一層奮励努力セヨ」の信号文は参謀の秋山真之が作ったといわれているが、加藤の作とする説もある。

第22代 山本権兵衛(やまもとごんべえ)

在任 1923(大正12)年9月2日～
1924(大正13)年1月7日

大震災で始まり、
虎の門事件で終わる
不運な内閣

総理大臣不在の日に関東大震災発生

　1923(大正12)年9月1日午前11時58分、関東地方で大地震が発生した。このとき、山本権兵衛は水交社(海軍の親睦団体)ビルで平沼騏一郎に入閣交渉をしていた。急死した加藤友三郎の後任として、天皇より組閣の大命を受け、閣僚を選出していたのだ。大震災発生により、まだ決まっていない大臣はすべて山本が兼任することにして、第2次山本内閣は翌2日に慌ただしく発足した。

　関東大震災は死者約10万人、行方不明者4万人以上、被災者は340万人を超え、首都機能が停止状態におちいるという前代未聞の大災害であった(震災直後には首都の移転まで検討されたほどだった)。第2次山本内閣の最初の仕事が、この被害への対処と復興であった。

大正の総理大臣　15～25代

9月27日には帝都復興院が設置され、元東京市長で内務大臣の後藤新平が総裁に就任。壊滅した東京の復興が進められた。

組閣中に大震災に襲われたため、第2次山本内閣は「震災内閣」と呼ばれたが、政党の協力が得られず、震災処理はなかなか進まなかった。さらに、当時の日本は第1次世界大戦後の不況下にあったが、関東大震災が追い打ちをかけた。そして震災手形（関東大震災のために現金化できなくなった手形）の処理に失敗したことで、1927（昭和2）年に昭和金融恐慌を引き起こすことになる。

さらなる衝撃的な事件が発生

1923（大正12）年12月27日、まだ大震災の混乱が収まらない日本にさらなる衝撃が走った。自動車で貴族院へ向かっていた摂政宮裕仁親王（のちの昭和天皇）が、無政府主義者の青年により銃で狙撃されたのだ。弾丸は摂政宮に当たらなかったが、侍従長が負傷した。これは「虎の門事件」と呼ばれる。皇族へのテロという前代未聞の事件は日本国民を震撼させた。

事件当日の夕方には、総理の山本以下、内閣の全閣僚が摂政宮に辞表を提出した。摂政宮は辞職を思いとどまらせようとしたが、翌年1月7日に第2次山本内閣は退陣した。

総理辞職後の山本を元老に推す声もあったが、元老は西園寺公望で終わらせるという意向があり、山本が元老になることはなかった。

名前の読み方で別名があった

山本の名前の権兵衛は「ごんべえ」と読むが、山本自身は「ごんのひょうえ」と名乗っていた。これは本来の名前の響きよりかっこいいと思ったからだという。同様の理由で、近衛文麿の名前は「あやまろ」だったが、「ふみまろ」と読ませている。また、伊藤博文の「ひろぶみ」は「はくぶん」と読まれることがあった。なお、原敬は「はらたかし」だが、愛称の「はらけい」とも、よく呼ばれている。

059

第23代 清浦奎吾
きようらけいご

在任 1924(大正13)年1月7日〜1924年6月11日

貴族院議員
ばかりでつくった
「特権内閣」

山県有朋の信頼を得て出世

　1850年、清浦奎吾は肥後国(今の熊本県)で僧侶の五男として生まれた。生家は浄土真宗のお寺だった。

　1876年8月に司法省に入省。ここで治罪法(現在の刑事訴訟法)の制定に関与するなど、司法官僚として活躍する。これが当時内務卿だった山県有朋に認められ、1884年に全国の警察を統括する内務省警保局長となった。このとき清浦は34歳。異例の大抜擢だったが、清浦は期待に応えた。1891年4月に貴族院議員となる。

　1892(明治25)年の第2次伊藤内閣の下で山県が司法大臣に就任すると司法次官に任ぜられ、その後も第2次松方内閣、第2次山県内閣、第1次桂太郎内閣で司法大臣などを務めた。

清浦は1914年に総理大臣となるチャンスがあった。第1次山本権兵衛内閣が倒れたあと、組閣の大命（天皇の命令）を受けたのだ。しかし、このときは海軍大臣のなり手を得られなかったため、やむなく大命を拝辞（辞退）している。

　1922年に死去した山県の後任として枢密院議長に就任。松方正義、西園寺公望らの元老に準ずる地位となっていた。

選挙に大敗して総辞職

　虎の門事件により第2次山本内閣の総辞職が決まると、1924（大正13）年1月1日、ふたたび清浦に組閣が命じられた。清浦はすでに73歳で、枢密院議長という立場もあって拝辞しようとしたが、摂政宮裕仁親王に説得され、同年1月7日に総理大臣に就任した。

　清浦内閣は政党から閣僚を入れず、ほとんどが貴族院議員で占められていたため、政党やマスコミからは「特権内閣」と攻撃された。内閣発足後すぐに、護憲三派（立憲政友会・憲政会・革新倶楽部）による第2次護憲運動が本格化した。この運動は、清浦内閣を打倒し、普通選挙や政党内閣を実現することをめざした。「特権」内閣であったことが、護憲運動を引き起こしたといえる。

　清浦は1月末に衆議院を解散するが、5月10日の総選挙で護憲三派が大勝する。清浦内閣は総辞職して、わずか5ヶ月ほどの短命政権に終わった。

のちの品川女子学院の初代校長

清浦奎吾の妻・錬子は、紀州（今の和歌山県）の藩士の長女だった。清浦とは、彼が司法省に入省する以前に結婚。錬子は1926年に設立された荏原女学校および1929年に設立された品川高等女学校（ともに今の品川女子学院）の初代校長を務めた。

ちなみに、同校の校歌は、歌人の与謝野晶子が作詞している。

第24代 加藤高明(かとうたかあき)

在任 1924(大正13)年6月11日～
1926(大正15)年1月28日

「憲政の常道」で政党政治の幕開けとなった内閣

三菱(みつびし)を経て政界へ

　1860年、加藤高明は尾張国(おわりのくに)(今の愛知県)の下級藩士の次男として生まれた。東京大学法学部を首席(トップの成績)で卒業して三菱に入社。やがて三菱本社副支配人となり、岩崎弥太郎(いわさきやたろう)(三菱創業者)の娘と結婚した。

　その後、政治に興味を持つようになった加藤は外交官となり、第4次伊藤内閣の外務大臣に就任。日英同盟の締結(ていけつ)に向けて尽力した。その後も三度にわたって外務大臣を務めるが、第一次世界大戦後の1915年には、中国(中華民国)に「二十一か条の要求」という無理難題を突きつけ、国内外から批判を受けた。

　1916(大正5)年に憲政会の総裁(党首)となった加藤は、総理候補

のひとりとなるが、実際に総理の座に就くまでには8年の歳月がかかった。

公約だった普通選挙を実現させたが……

1924(大正13)年6月に清浦内閣が総辞職すると、憲政会の総裁であった加藤が総理に就任した。憲政会は、直前の選挙によって、衆議院で最も議席数の多い政党(第一党)となっていた。加藤の総理就任は、大日本帝国憲法の下で、選挙で第一党に選ばれた政党の党首が内閣総理大臣になった唯一の事例である。

1925(大正14)年5月5日、加藤内閣において普通選挙法が公布された。それまでの納税額による制限を撤廃し、日本国籍を持つ満25歳以上のすべての成年男子に選挙権が与えられた。これにより有権者の数は4倍に増えた(ただし、依然として女性に選挙権はない)。そして普通選挙法と同時に制定されたのが治安維持法だった。これは普通選挙法の成立によって拡大する可能性のある社会主義運動を取り締まることが目的であった。

「憲政の常道」という言葉がある。これは"衆議院で第一党となった政党の党首が、内閣総理大臣となって組閣する。その内閣が倒れたときは、第二党が交代して組閣する。そして政権交代の前か後には衆議院議員総選挙があり、国民に選択する機会が与えられる"ということであり、現在でも政党政治の基本である。加藤内閣で憲政の常道が確立され、政党政治の時代が始まったとされる。

「アメとムチ」ともよばれた政治姿勢

加藤内閣において、普通選挙法とほぼ同時に制定されたのが治安維持法だ。この法律は天皇制や私有財産制を否定する運動を取り締まるもので、社会主義対策であった。治安維持法の制定は、普通選挙法を成立させるにあたって、枢密院が交換条件としたともいわれる。加藤の政策は同時進行で革新と保守の政策を使い分けているとして、「アメとムチ」と呼ばれた。

第25代 若槻礼次郎（わかつきれいじろう）

在任　1926(大正15)年1月30日〜
　　　1927(昭和2)年4月20日

昭和最初の総理大臣となるが、決断力は今ひとつ

大正天皇の崩御により時代は「昭和」に

　若槻礼次郎は1866年に出雲国（今の島根県）で生まれた。1892年に帝国大学法科大学（のちの東京大学法学部）を首席で卒業。旧姓は奥村で、在学中に叔父の養子となり若槻姓となっている。大蔵省（今の財務省）に入省した若槻は、主税局長、次官を歴任。第3次桂内閣と第2次大隈内閣で大蔵大臣を務めた。

　1916年に加藤高明らの憲政会結成に加わって副総裁となり、1924年6月に加藤内閣が成立すると内務大臣に就任。若槻は加藤の腹心として普通選挙法と治安維持法の成立に尽力している。

　1926(大正15)年1月22日、加藤が帝国議会内で倒れ6日後に死去すると、元老・西園寺公望は憲政会の新総裁になっていた若槻を、

大正の総理大臣　15〜25代

加藤のあとを継ぐ総理に指名。同月30日に総理大臣に就任した。

在任中の1926年12月25日、葉山御用邸で静養中だった大正天皇が崩御。その日のうちに改元され、新元号は「昭和」となった。

翌年1月の第52回帝国議会では、いくつもの不祥事が暴露され、若槻内閣は危機に立たされる。若槻は野党の党首と会談し、予算成立と引き換えに政権交代すると約束した。しかし、予算案が通っても一向に若槻が総辞職しないため、野党は合意文書を公開し、若槻ならぬ「ウソツキ礼次郎」などと呼んで攻撃した。

大蔵大臣の失言が昭和金融恐慌を招く

この時代の日本は、第1次世界大戦後の戦後不況から抜け出せず、さらに関東大震災による経済の混乱もあり、長引く不況で中小の銀行の経営状態は悪化。金融不安が続いていた。

そうした中、1927年3月14日の衆議院予算委員会で大蔵大臣の片岡直温が「東京渡辺銀行が破綻しました」と発言してしまう。実際には破綻していなかったため完全な失言であったが、これを聞いた預金者たちが銀行に殺到、大混乱となった。この取りつけ騒ぎが全国各地に広がり、昭和金融恐慌を引き起こした。

この事態に若槻内閣は緊急勅令（天皇の命令）を出してもらおうとしたが、枢密院に否決されてしまう。これ以上の政権運営は不可能と考えた若槻は、4月に内閣総辞職した。

総理の苦学

貧乏で苦労した礼次郎少年

若槻礼次郎が生まれた奥村家は松江藩の下級武士だった。3歳のときに母親を亡くし、姉が礼次郎の面倒を見た。奥村家は貧しかったため、学費が払えず旧制中学校を中退している。学費がタダといういうことで陸軍士官学校を受験したが体格検査で不合格。1884年に司法省法学校が生徒を募集すると知り、若槻は叔父から30円を借りて上京。合格して未来を開いたのだ。

065

昭和〈戦前〉の総理大臣

第26代〜第42代
(1927年〜1945年)

昭 和 〈 戦 前 〉 の お も な 出 来 事

1926(昭和元)年	昭和に改元
1927(昭和2)年	昭和金融恐慌が起こる
1929(昭和4)年	世界恐慌が起こる
1930(昭和5)年	ロンドン海軍軍縮会議
1931(昭和6)年	満州事変
1932(昭和7)年	満州国が建国される／五・一五事件
1933(昭和8)年	日本が国際連盟を脱退
1936(昭和11)年	二・二六事件
1937(昭和12)年	盧溝橋事件／日中戦争が始まる
1938(昭和13)年	国家総動員法の制定
1939(昭和14)年	第二次世界大戦が始まる
1940(昭和15)年	日独伊三国同盟の成立
1941(昭和16)年	日ソ中立条約の締結／真珠湾攻撃／ 太平洋戦争が始まる
1942(昭和17)年	ミッドウェー海戦
1945(昭和20)年	東京大空襲／アメリカ軍が沖縄上陸／ 広島・長崎に原爆が投下される／ ソ連が対日参戦／ 日本がポツダム宣言を受諾／玉音放送／ 太平洋戦争・第二次世界大戦が終結

五・一五事件で暗殺された「政界の長老」・**犬養毅**の登場

野党として国会議員を長く務めた犬養毅が、総理大臣に就任したのは76歳の時だった。

すべての国民が恩恵を受けられるようになること。それが理想の政治だ

その頃の日本は、軍部が力を増し、中国の東北部（満州）では、日本軍が勝手に侵略行動を始めていた。

満州を占領するぞ

この事態に対し、犬養は中国に密使を送った。

日本は中国と戦争したくないから和解しようと伝えてくれ！

わかりました

中国に渡った密使は、中国政府の関係者と交渉することができた。

中国も戦争はしたくない。和平交渉に協力しましょう

よかった。すぐに日本に知らせます！

しかし、密使から犬養への電報が、政府内の反対勢力に見つかってしまった。

和解などさせるものか！

こんなもの！

第26代 田中義一（たなかぎいち）

在任 1927(昭和2)年4月20日～
1929(昭和4)年7月2日

あいまいな対応が
天皇の不興を買い、
おわびに総辞職

優秀な陸軍軍人から政党政治家に転身

　田中義一は、1864年に長門国（今の山口県）で生まれた。19歳で陸軍教導団（下士官を養成する兵団）に入り、陸軍士官学校、陸軍大学校を経て日清戦争に従軍した。日露戦争では総参謀長の下で働くなど、非常に有能な軍人であった。田中は長州の先輩である山県有朋からも高く評価されており、原内閣および第2次山本内閣で陸軍大臣を務めた。

　1925年には政界入りを決め、立憲政友会総裁に就任。将来の元帥（大将よりも上の地位）ともいわれていたが、陸軍を辞めて政党政治家への道を歩み始めた。

　1927(昭和2)年4月に若槻内閣が総辞職すると、後任として野党

070

第一党である立憲政友会総裁だった田中が総理大臣に就任した。田中内閣は、元総理やのちの総理など大物ぞろいだった。

大蔵大臣には元総理の高橋是清を起用。高橋は金融恐慌解決のためモラトリアム（支払い猶予措置）を実施し、銀行のお金が支払いで尽きるのを防いでいる間に、日本銀行から民間の銀行へお金を貸し出した。その際、急造で片面だけ印刷した200円札を大量に発行し、銀行の店頭に積み上げて預金者に見せることで安心させ、金融恐慌の鎮静化に成功した。

張作霖爆殺事件の処分を咎められる

1928（昭和3）年6月4日に、満州の関東軍（中国の関東州などの警備を目的とした軍。所属は陸軍）は独断で満州に勢力を持つ軍のリーダー・張作霖を爆殺してしまう。当初、関東軍はこの事件を中国人の仕業であると見せかけようとしたが、次々と証拠があがって、真相が明るみに出る。田中は日本軍人が事件に関与していたら厳罰に処することを天皇に伝えていたが、陸軍や立憲政友会の強い反対にあったため厳しい処罰はできなかった。これが「前と話が違うではないか」と天皇の不興を買い、その怒りがこたえたのか、田中は1929年7月2日に内閣総辞職した。

内閣総辞職から約3ヶ月後の1929（昭和4）年9月29日、田中は狭心症により65歳で死去。彼の死により、幕末から続いた長州出身者に権力が集中するという流れは完全に途絶えることとなった。

のちに総理となる吉田茂と

のちに総理大臣になる吉田茂は、外務省にいた頃、外務次官になりたいと総理の田中に直談判した。吉田の話を田中はつまらなそうに聞いていた。「これで次官は棒に振ってしまったが、せいせいした」と思っていた吉田に、数日後、田中から電話があった。「ところで吉田君、外務次官になってもらうよ。まさか異論はないだろうね?」。吉田は次官就任を快諾。以後、田中を尊敬するようになる。

第27代 浜口雄幸
はま ぐち お さち

在任 1929(昭和4)年7月2日〜
　　　1931(昭和6)年4月14日

政治哲学を貫き
強烈な存在感を示した
「ライオン宰相」

大蔵官僚から政治家への転身

　1870年、浜口雄幸は土佐国(今の高知県)で三人兄弟の末っ子として生まれた。「雄幸」という名前は珍しいが、もともとは「幸雄」と名づけられるはずだった。父親が酒を飲んで酔っ払って役所へ行き、出生届に間違えて「雄幸」と書いてしまい、それが受理されてしまったのだという。

　帝国大学法科大学(のちの東京大学法学部)を優秀な成績で卒業後、大蔵省(今の財務省)に入省。1915年に衆議院議員に当選、政界に入る。田中義一内閣が総辞職すると、立憲民政党総裁だった浜口は同日に総理大臣に就任。初の明治生まれの総理となる。

　まじめで厳格な性格の浜口だが、日本の総理大臣で初めてラジ

昭和〈戦前〉の総理大臣　26〜42代

オ（ラジオは当時最新のメディアだった）番組に出演し、国民に直接自分の政策を訴えるという柔軟性もあった。特徴的な風貌から「ライオン宰相」と呼ばれた浜口は、庶民の人気も高かった。

浜口内閣の課題は経済政策であり、浜口は金の輸出解禁や緊縮財政を断行したが、経済の立て直しには失敗している。日本が不況から脱するのは、のちの犬養内閣を待たねばならなかった。

もうひとつの課題は外交政策だったが、これは幣原喜重郎を外務大臣に起用して対中融和政策をとり、またイギリス・アメリカを重視する協調外交を推進している。

凶弾に倒れ、任期半ばで辞職

1930（昭和5）年に開催されたロンドン海軍軍縮会議は、当時の五大国（イギリス・日本・アメリカ・フランス・イタリア）による国際会議で、各国海軍の補助艦の保有量の制限を目的としていた。浜口内閣の首席全権として派遣されたのが元総理の若槻礼次郎だった。会議は難航したが、若槻は海軍の反対を押し切って条約の締結に漕ぎつけた。しかし、これは海軍の承認なしに政府が兵力量を決定することであり、本来天皇が持っている統帥権（軍隊の最高指揮権）を犯すものであると非難され、次の事件を招くことになる。

1930年11月14日、浜口は東京駅で右翼活動家に銃撃された。一命をとりとめたが職務続行は不可能となり、翌年4月に総理を辞任。同年8月に死去した。61歳だった。

総理の前歴

有能で頑固な大蔵官僚だった

大蔵省時代の浜口は、まじめで頑固な性格ゆえ上司と衝突して地方の役所に飛ばされていた時期があった。これを見るにみかねた先輩の若槻礼次郎や友人たちが、嘆願運動を行って浜口を東京に呼び戻している。大蔵官僚としての誠実な仕事ぶりから、大企業の重役就任を請われたこともあった。政界に入ったのは、浜口の有能さを見込んだ後藤新平が、強く勧めたためという。

第28代 若槻礼次郎（わかつきれいじろう）

在任　1931（昭和6）年4月14日〜1931年12月13日

代打の総理は軍部の暴走を止められず

二度目のピンチ・ヒッター

　若槻礼次郎にとって最初の総理大臣就任は、在任中の加藤高明が病死した1926（大正15）年1月であり、二度目の総理就任は浜口雄幸が銃撃を受けて職務を続けられなくなった1931（昭和6）年4月14日であった。どちらも前内閣からほとんどの閣僚を引き継いでおり、いわば「代打」のような総理大臣だったといえるだろう。

　ふたたび総理となった若槻は、浜口内閣の政策を引き継ぐ。

　1931（昭和6）年9月18日、関東軍による柳条湖事件が勃発した。これは中華民国奉天（今の瀋陽）郊外の柳条湖で、関東軍が南満州鉄道（満鉄）を爆破した事件である。関東軍はこれを中国軍の犯行と嘘の発表をして、軍事行動を開始した。若槻内閣は不拡大方針を

昭和〈戦前〉の総理大臣　26〜42代

表明したが、関東軍はこれを無視して戦線を拡大。のちに中国東北部を制圧して1932年3月1日に満州国の建国が宣言された（満州事変）。執政（国家元首）には清朝最後の皇帝だった愛新覚羅溥儀が就いたが、実質的に関東軍の傀儡国家（形式的には独立国家だが、実態は他国に支配されている。傀儡とは「操り人形」のこと）であった。

軍部を抑えきれない若槻に非難が殺到。若槻は連立内閣を組んで軍部に対抗しようとしたが失敗。閣僚にも見放された若槻内閣は、1931年12月に総辞職した。

リーダーシップと戦う姿勢に欠ける

政治家としての若槻は事務能力とバランス感覚に優れ、また漢詩や弓道などを趣味として規則正しい生活を送るなど、物静かで上品な人物だった。個性的で頑固な加藤高明や浜口雄幸とは逆のタイプであり、だからこそ彼らにとって頼もしい存在だった。

しかし、若槻内閣が2回とも混乱の責任を取る形で総辞職していることは、彼には総理大臣としてのリーダーシップが不足していたといえる（西園寺公望は若槻を「首相の器ではない」と評価していたという）。軍部や政敵と戦うには、性格が優しすぎたのかもしれない。

辞任後の若槻は重臣会議のメンバーとなり、総理経験者として国家の最重要問題について意見する立場となった。重臣の中では岡田啓介とならんで和平派・穏健派であり、昭和天皇からの信任も厚かった。1949年11月20日、狭心症により83歳で死去。

戦前を代表する平和主義者

重臣会議に加わった若槻は、次期総理として東条英機（のちに太平洋戦争を開始する）が推薦された際、これに反対している。太平洋戦争末期には東条内閣の倒閣で重要な役割を果たし、ポツダム宣言受諾にかかわった。戦後、東京裁判の首席検察官だったジョセフ・キーナンは、若槻・岡田啓介・宇垣一成・米内光政を「戦前を代表する平和主義者」と称えた。

第29代 犬養毅（いぬかい つよし）

在任 1931(昭和6)年12月13日～
1932(昭和7)年5月16日

高齢で総理となり経済を回復させるが、テロの標的に

偶然が重なって高齢の総理に

　1855年、犬養毅は備中国（今の岡山県）に生まれた。1876年に上京して慶應義塾（今の慶應義塾大学）に入学。新聞記者を経て、1890年の第1回衆議院議員選挙に当選し、国会議員となる。その後は42年間で連続当選18回という政界の大ベテランとなった。

　犬養は「憲政の神様」と呼ばれ尊敬される一方、毒舌で有名であった。これも卑劣を憎む高潔で頑固な性格ゆえだが、とにかく言いたいことを言って無駄に政敵を増やすありさまだった。

　1925年に犬養は高齢を理由に政界を引退した。しかし、地元・岡山の支持者たちが辞職にともなう補欠選挙に犬養を勝手に立候補させ、再選させてしまう。さらに立憲政友会総裁だった田中義一が

昭和〈戦前〉の総理大臣　26〜42代

急死すると、その後釜として担ぎ出されてしまった。

そして第2次若槻内閣が総辞職したあとを受けて1931（昭和6）年12月13日、立憲政友会総裁であった犬養が後任の総理大臣となった。このとき犬養は76歳。これは第42代総理となった鈴木貫太郎（77歳2ヶ月）に次ぐ高齢での総理大臣就任である。

五・一五事件で襲撃される

総理大臣となった犬養は、国民の信を問うため解散・総選挙を実施。さらに元総理の高橋是清を大蔵大臣に起用して、公共事業の増加など国の支出を増やす積極財政により、日本経済を回復に向かわせた。

問題は満州事変の処理だった。犬養は満州国承認を迫る軍部の要求を拒否。中国国民党と外交交渉で解決すべく上海に密使を送って非公式の折衝にあたらせた。しかし、対中国強硬派の内閣書記官長（今の官房長官）により密使の電報は握りつぶされ、犬養が秘密のうちに進めていた交渉は挫折した。

1932（昭和7）年5月15日夕方、総理官邸を海軍の青年将校らの一団が襲撃。犬養を射殺した（五・一五事件）。このとき76歳だった。

この事件で、大正末期以来の日本の政党政治は終わった。これ以降は総選挙で第一党となった政党の党首が総理になる慣行が途切れ、いくつかの例外を除いて軍人が総理の座に就くようになった。

総理の言葉　「話せばわかる」

「話せばわかる」と諭す犬養に、青年将校らは「問答無用、撃て」と射殺に及んだ。五・一五事件で最期に交わした言葉は、こう伝わっている。現在の研究では、犬養が青年らにかけた言葉は不明だが、撃たれたのち家政婦の呼び起こす声で目を覚ました犬養が、朦朧とする意識の中で「今の青年を呼んで来い。話せばわかる、話せばわかる」と言ったことは伝わっている。

077

第30代 斎藤実(さいとうまこと)

在任 1932(昭和7)年5月26日～
　　　1934(昭和9)年7月8日

日本の軍国主義化を止められず、二・二六事件で倒れる

満州国承認に踏み切る

　1858年、陸奥国(今の岩手県)で生まれた斎藤実は、海軍兵学寮(のちの海軍兵学校)を卒業して海軍軍人となった。海軍次官、艦政本部長といった海軍の重要な役職を経て、第1次西園寺内閣から第1次山本内閣までの5代の内閣で海軍大臣を務めた。

　1932(昭和7)年5月15日に犬養毅が暗殺されると、犬養内閣は翌日に総辞職。後任として5月26日に斎藤が総理大臣に就任した。

　斎藤内閣は内政では貧しい農村の救済を行い、景気回復に努めた。一方で、軍部の要求どおり満州国の承認に踏み切った。これは国内政治の安定を目的として、軍部との決定的な対立を避けたためだった。同年6月の衆議院本会議において満州国承認決議案が可

昭和〈戦前〉の総理大臣　26〜42代

決され、9月15日に日本と満州国の間で日満議定書が締結された。

中国大陸への侵略を進める日本は、国際的に孤立していく。国際連盟理事会で、日本は満州国から軍隊を引きあげるよう勧告され、これに反発して1933(昭和8)年3月27日に、日本は国際連盟の脱退を表明する。斎藤は日本の軍国主義化への流れを押しとどめることができなかった。

1934(昭和9)年の疑獄事件・帝人事件で政府関係者が逮捕(のちに裁判で無罪)されると政権批判が高まり、同年7月に斎藤内閣は総辞職に追い込まれた。

二・二六事件で暗殺される

1936(昭和11)年2月26日から29日にかけて発生した武力で政権を奪おうとするクーデター事件が二・二六事件である。皇道派(陸軍内の派閥のひとつ)の影響を受けた陸軍の一部の青年将校たちが、兵を率いておよそ1500人で決起。政府首脳と重臣を襲撃・殺害、首相官邸や警視庁といった施設を占拠した。しかし、彼らは反乱軍と見なされて鎮圧され、クーデターは未遂に終わった。

総理辞任後に内大臣に任じられていた斎藤は、皇道派から暗殺目標にされていた。

2月26日未明、斎藤の自宅を武装した兵士たちが襲撃。斎藤を殺害した。遺体には47ヶ所の弾痕と数十ヶ所の刀傷があった。このとき77歳であった。

通訳が必要ない英語力

斎藤は海軍兵学寮で成績優秀で「海軍の三秀才」のひとりに数えられた。1884年から約4年間、アメリカ留学を兼ねて、駐米公使館付駐在武官を務めた。斎藤の英語力は歴代総理大臣の中でも群を抜くもので、海外の要人との会話も通訳が必要なかった。また外国人の友人も多く、日米開戦時に駐日アメリカ大使だったジョセフ・グルーとは親友であった。

079

第31代 岡田啓介(おかだけいすけ)

在任 1934(昭和9)年7月8日～
1936(昭和11)年3月9日

二・二六事件を
なんとか生き延び
戦争終結をめざす

軍部の政治への口出しを防げず

　1868年、岡田啓介は越前国(今の福井県)で福井藩士の長男として生まれた。当初は陸軍士官学校を志望していたが、海軍兵学校に入学。海軍軍人の道を歩む。海軍次官、連合艦隊司令長官、さらに海軍大臣を務めた。

　1934(昭和9)年7月8日、退陣した斎藤内閣の後任として、岡田は内閣総理大臣に就任した。

　前総理の斎藤と比べると、岡田の政治力は弱かったとされる。海軍を抑えきれず、ワシントン海軍軍縮条約の廃棄やロンドン海軍軍縮会議からの離脱など、軍部に妥協している。それでも中国との関係をよくしようと努め、日本の国際社会からの孤立を防ごうと

した。

1936年1月21日に野党の立憲政友会から内閣不信任案が提出され、岡田は解散総選挙にふみきる。2月20日の総選挙では与党の立憲民政党が勝利した。そして、この6日後に「二・二六事件」が起こった。

襲撃されるも人違いで生き延びた

岡田は「君側の奸（君主をあやつる悪い部下）」として反乱軍の暗殺目標となっていた。妻に先立たれていた岡田は、総理官邸に元陸軍大佐で義弟（妹の夫）の松尾伝蔵秘書官と住んでいた。

1936（昭和11）年2月26日の早朝、反乱軍が官邸を襲撃。この時、岡田は女中部屋の押し入れに隠れて命拾いしたが、身代わりに松尾が射殺された。反乱軍は松尾を岡田と思い込んだのだ。

この事件で岡田はショックを受け、昭和天皇は岡田が自死するのではないかと心配したといわれる。反乱がしずまったあとに内閣は総辞職した。

その後、二・二六事件のショックから立ち直った岡田は、1940年から重臣会議のメンバーとなり、総理の奏薦（天皇に申しあげて推薦すること）に携わる。岡田はアメリカとの戦争をさけようとしたが、1941年に太平洋戦争が始まった。終戦のときの総理として鈴木貫太郎を後押ししたのも岡田だった。鈴木内閣の奮闘の陰には、常に岡田の助言があったという。

自分を美化しなかった常識人

1889（明治22）年に海軍兵学校を卒業した岡田は、日清・日露戦争で戦い、第1次世界大戦では青島の戦いでドイツ帝国軍と戦った。その後は連合艦隊司令長官、海軍大臣を務めて、海軍のエリートコースを歩んできたように見える。しかし、岡田自身には軍人らしい豪快で勇ましいエピソードがなく、晩年に著した『岡田啓介回顧録』にも自分を「盛った」話は見当たらない。

第32代 広田弘毅（ひろたこうき）

在任 1936(昭和11)年3月9日〜
1937(昭和12)年2月2日

軍部に屈したためA級戦犯となり、死刑判決を受ける

総理就任を拒むが……

　1878年、福岡県の石材店の息子として生まれた広田は、外交官を志して東京帝国大学法科大学（のちの東京大学法学部）に進学、外務省に入った。同期には戦後の大宰相・吉田茂がいた。やがて斎藤内閣の外務大臣に就任。続く岡田内閣でも外務大臣を務めた。

　二・二六事件で岡田内閣が総辞職すると、次の総理に広田の名があがるが、広田はこれを拒んだ。ついに受け入れたのは親友の吉田の説得があったからだ。1936(昭和11)年3月9日、総理大臣に就任。ところが組閣からさっそく軍部の横やりが入り、広田はそれに流されるように軍部の意向にしたがっていった。なお、現在の国会議事堂は1936年11月に帝国議会議事堂として完成したもので、広

田はこの議事堂に初めて登壇した総理だった。

翌1937年1月、議会でのやり取りで陸軍大臣が激怒し、これが原因で広田内閣は総辞職することになる。

死刑となった唯一の文官

総理辞任後の広田は、1937年6月4日に第1次近衛内閣が成立すると、近衛の要請により外務大臣となった。翌月には盧溝橋事件が発生。日本軍と中華民国軍は戦闘状態となった。広田は当初はこれを拡大しない方針を主張していたが、戦果に世論が沸くにつれて戦争拡大を容認していく。

結局、日中戦争の拡大を止められないまま、1938年5月の内閣改造で広田は外務大臣を辞任した。

太平洋戦争末期には、広田は和平交渉の仲介のためソ連大使と交渉したが、失敗して日本の敗戦を迎えた。

戦後、アメリカなど連合国は戦争犯罪人を裁く東京裁判（極東国際軍事裁判）を開く。広田は「平和に対する罪」のA級戦犯として逮捕された。開戦直前の総理大臣である近衛文麿がすでに自死していたため、文官（軍人でない政治家や官僚など）の大物戦犯である広田への判決は注目された。

結果は、死刑判決であった。文官として死刑判決を受けたのは、広田ただひとりである。1948（昭和23）年12月23日に刑が執行され、広田は70歳のときに絞首刑によりこの世を去った。

戦犯容疑者となるが弁明しなかった

日本の戦争犯罪を裁く東京裁判（極東国際軍事裁判）の法廷で、広田は沈黙を貫いた。弁護士に無罪を主張すべきと言われても、いっさい口を開かなかった。これは天皇や自分の周囲にいた人間に迷惑がかかることを心配したためだろうが、軍部に責任があると証言すれば死刑は免れたともいわれている。広田の死刑判決には、連合国の検察側からも意外だったという声があった。

第33代 林銑十郎
はやし せんじゅうろう

在任　1937(昭和12)年2月2日～1937年6月4日

発足当時から評判が悪く、在任4ヶ月で総辞職

「越境将軍」が総理大臣に就任

　1931(昭和6)年9月、陸軍中将だった林銑十郎は、日本陸軍の朝鮮軍司令官を務めていた。柳条湖事件が起こると、関東軍から助けを求められた林は、命令もないまま自分の判断で軍を中国東北部へ進めたため、「越境将軍」と呼ばれた。本来なら、国境を越えて軍を動かすのは天皇の裁可(判断して許可すること)が必要である。そのため、林は死刑になってもおかしくないところだったが、のちにこの行いが認められるようになり、林の首はつながった。

　1876年に石川県で生まれた林は、陸軍大学校を卒業したエリート軍人だった。しかし、関東軍参謀だった石原莞爾からは「林大将は猫にも虎にもなる。自由自在に操ることができる」などと軽く見

られ、評価は低かったようだ。

その後、陸軍大臣となった林は、1935年に陸軍大臣を辞任しているが、そのおかげで翌年に起こった二・二六事件の襲撃リストから外され、命拾いした。

広田内閣の総辞職後、後任の総理として宇垣一成予備役大将の名があがったが、陸軍の猛反対で実現せず、代わりに1937(昭和12)年2月2日に林が内閣総理大臣に就任することになった。

「なにもせんじゅうろう内閣」

林内閣は発足当初から評判が悪く、周囲の意見に左右されやすいことから「ロボット首相」「優柔不断内閣」「浮き草内閣」などと呼ばれた。林自身もあまりやる気はなかったようで、「早く片づけて、あとは玄人(近衛文麿)に譲りたい」などと漏らしていた。

1937年3月末に予算が可決すると、林はすぐに衆議院を解散。これは突然理由もなく解散したものと受け取られ、「食い逃げ解散」と呼ばれた。4月に行われた総選挙でも与党は議席を減らしてしまう。野党は林内閣にすぐさま退陣するように要求。ついには、地盤である軍部にも見放され四面楚歌となった林は、政権を放り出してしまった。林内閣はほとんどなにも実績を残せないまま、わずか123日という短命政権に終わった。そのため「史上最も無意味な内閣」「なにもせんじゅうろう内閣」などと言われるようになった。

総理のヒゲ

立派なヒゲがトレードマークだが……

林の次の近衛内閣のとき、戦争遂行のため、政府主導で「国民精神総動員運動」が始まった。その一環として1939年に「生活刷新案」が発表される。その中には、学生の長髪禁止、パーマネント廃止などの項目もあった。林は、毛先を上に向けた立派なヒゲをたくわえていた。そのため国民から、「パーマはだめなのに林のヒゲは良いのか」と反感を買ったという。

第34代 近衛文麿(このえふみまろ)

在任 1937(昭和12)年6月4日～
1939(昭和14)年1月5日

名門・近衛家出身。期待を背負った総理だったが…

総理として最高の条件を備えていた

　林内閣の退陣後、近衛文麿の総理大臣就任が報じられると、庶民はもちろん政界や軍部もそれを歓迎した。まだ45歳と若く、180cmの長身でハンサム、京都帝国大学法科大学(のちの京都大学法学部)卒。そして公家の名門である近衛家の当主と、これ以上はないほどのよい条件を備えていたからだ。彼の演説を聞くため子どもまでラジオの前に集まったという人気ぶりだった。まさに国民の期待を一身に受けて、近衛は1937(昭和12)年6月4日に総理大臣に就任した。45歳7ヶ月での総理就任は伊藤博文に次ぐ若さであった。なお、同じ公家でも近衛家は、第12・14代総理大臣である西園寺公望の西園寺家より格上の名門であった。

しかし、近衛の総理就任の翌月7日に、中国・北京郊外で盧溝橋事件が起きる。初め近衛は「事件不拡大」を唱えていたが、のちの閣議では中国に対する軍事行動を認めた。このときの閣議では、近衛は黙ってしんぼう強く話を聞くだけだったという。続いて不拡大方針の破棄を決定。日本は中国との戦争へと突入する。

1938年1月には中国との和平交渉の打ち切りが決定、「これ以降、国民政府を対手とせず」と国内外に発表し、戦争を止める機会はなくなった。こうして始まった日中戦争は、やがて泥沼化していく。

天は二物を与えなかった

近衛に欠けていたのは気力とリーダーシップだったといわれる。もし近衛に強い意志があったら、国民的人気を背景にかなりのことがやり遂げられただろう。

だが、実際にはほとんど陸軍の言いなりで、近衛がリーダーシップを発揮することはなかった。近衛が体調を崩して寝込んだとき、見舞いに来た西園寺公望の関係者に、「外務大臣は報告してくれないし、陸軍大臣は頼りない」と近衛は他人事のような愚痴をこぼし、西園寺を失望させたという。

1938年4月、近衛は国家総動員法と電力国家管理法を公布、経済は戦争最優先となり、国民の生活は圧迫されていく。1939(昭和14)年1月5日、近衛内閣は総辞職した。

近衛家の華麗なる人々

公家の中でも、近衛家は藤原一門の五摂家(摂政関白を出せる家)の筆頭であり、天皇家とは親戚付き合いができた。華族では一番上の公爵家となる。父の死後、文麿が弱冠12歳で第30代当主に就いている。音楽家で貴族院議員を務めた近衛秀麿は異母弟、徳川宗家第17代当主の徳川家正はいとこにあたる。第79代総理大臣の細川護熙は孫(文麿の次女の息子)である。

第35代 平沼騏一郎（ひらぬまきいちろう）

在任 1939(昭和14)年1月5日〜1939年8月30日

司法界の権力者。
複雑怪奇な情勢に
政権を投げ出す

司法界のエリート出身

　1867年、平沼騏一郎は美作国（今の岡山県）で津山藩士の次男として生まれた。1888年に帝国大学法科大学（のちの東京大学法学部）を卒業。その後は大審院検事局検事総長、大審院長など司法界で出世し、第2次山本内閣では司法大臣を務めている。司法界の権力者であった。

　平沼は国粋主義思想（日本の伝統などがもっともすぐれているとして強調する思想）の持ち主で、共産主義やファシズムといった外国から来た思想に反発していた。このため元老・西園寺公望は平沼を「迷信家」として嫌い、本人が希望する総理候補になかなか推薦しなかった。

昭和〈戦前〉の総理大臣　26〜42代

　第1次近衛内閣が退陣したとき、次の総理を誰にするかが問題になった。ここで近衛が平沼を推し、西園寺も「英米との協調外交を継続すること」という条件つきで、平沼の総理就任を認めた。

　1939(昭和14)年1月5日に発足した平沼内閣は、第1次近衛内閣の政策などを引き継ぐものだった。

独ソ不可侵条約が原因で退陣

　平沼の課題は、共産主義のソ連に対抗するため、日本・ドイツ・イタリアの日独伊三国同盟を結ぶことだった。これには海軍の実力者が反対し、何十回も閣僚たちの会議が開かれたが、結論が出なかった。

　ところが、ドイツはソ連を仮想敵国として日本とともに防共協定を結んでいたにもかかわらず、1939年8月23日に突然ソ連と独ソ不可侵条約を結んでしまう。これにより三国同盟の交渉はいったん取りやめになった。国際情勢の変化についていけず、平沼は「欧州の天地は複雑怪奇」の言葉とともに8ヶ月足らずで総辞職した。

　総理辞任後は、第2次・第3次近衛内閣で内務大臣などを務め、その後は重臣会議のメンバーとなる。太平洋戦争中は東条内閣を倒すための運動を行っている。

　終戦後、平沼はA級戦犯として終身刑となる。のちに仮釈放されるが、1952(昭和27)年8月22日、84歳で死去した。

総理の陰謀

斎藤内閣を退陣させた事件の黒幕？

1934年の帝人事件は、株式売買をめぐる贈収賄事件で、起訴された全員が無罪となる異様な事件だった。このため、帝人事件は当時の枢密院副議長で、総理の座を狙っていた平沼が、内閣を倒すためにでっち上げた陰謀ではないかともいわれている。真相は不明だが、司法界の大物の平沼にこれを実行する力があったことはたしかだ。

第36代 阿部信行（あべのぶゆき）

在任 1939(昭和14)年8月30日～
1940(昭和15)年1月16日

「戦わぬ将軍」の
総理就任直後に
世界大戦が始まる

陸軍のエリートコースを歩む

　1875年に石川県で生まれた阿部信行は、1907年に陸軍大学校を卒業した、陸軍のエリートだった。ただ、阿部自身は日露戦争とシベリア出兵に出征したものの実戦は経験しておらず、「戦わぬ将軍」などと呼ばれた。一方で、事務などの能力は優れていて、陸軍省軍務局長、陸軍次官などの重要な役目をこなしていき、1933年に陸軍大将となる。

　1939(昭和14)年に阿部は、平沼騏一郎の後任として総理大臣に推薦された。かつて阿部は昭和天皇に軍事学を進講（天皇に学問を講義する）したこともあり、天皇も彼の頭脳と人柄を評価していたという。また、海軍の重要人物と親戚でもあり、天皇も阿部ならば

昭和〈戦前〉の総理大臣　26〜42代

海軍ともうまくやることができるとみていたのだろう。

要領のいい「処世の将軍」

　1939（昭和14）年8月30日に阿部は総理大臣に就任したが、その2日後、9月1日に第2次世界大戦が始まる。阿部はドイツとの軍事同盟はアメリカ、イギリスとの対立が激しくなる原因になると考えていて、大戦へかかわらない方針をとった。一方で、日中戦争の終結に全力であたろうとした。しかし、打ち出す政策が次々に失敗。貿易省を新設しようとして反発を受け多くの外交官から辞表を出されたり、物価の統制に失敗して物価上昇を招いたりした。あまりの事態に、組閣から4ヶ月後には出身の陸軍まで阿部内閣を倒すために動き出した。国会でも退陣の声が上がり、1940（昭和15）年1月に阿部内閣は総辞職した。

　かつて宇垣一成陸軍大臣の下で陸軍次官を務めた阿部は、宇垣を中心とした派閥に属していたが、宇垣が地位を失うと離れていった。のちに東条英機に近づいて東条内閣の実現に一役買っている。いつもすかさずチャンスをつかんでいたといえなくもないが、「野戦の将軍ではなくて処世（世渡り）の将軍」などと厳しい評価も受けている。

　太平洋戦争終結後、A級戦犯容疑で逮捕されるが、裁判が始まる直前に起訴予定者からは外された。

　1953年、77歳で生涯を終えた。

総理の成績

「恩賜の軍刀」を授与されていた

陸軍大学校や海軍大学校などの軍学校では、成績優秀な卒業生に天皇から「恩賜の軍刀」が下賜（身分の高い人が身分の低い人に物を与えること）された。1878年に明治天皇が陸軍士官学校の卒業式で、成績優秀者2名に洋式軍刀を授与したのがはじまりである。阿部はこれを授与されており、成績抜群のエリートであった。

091

第37代 米内光政（よないみつまさ）

在任 1940(昭和15)年1月16日～1940年7月22日

平和のための
努力を続けた
海軍の穏健派

良識派の軍人が総理就任

　1880年、米内光政は岩手県に旧盛岡藩士の長男として生まれた。海軍兵学校を卒業後、日露戦争では日本海海戦で戦い、海軍大学校を卒業。1936年12月に連合艦隊司令長官となるが、2ヶ月で林内閣の海軍大臣となった。続く第1次近衛・平沼内閣でも海軍大臣を務めている。

　1940(昭和15)年1月16日、米内は総理大臣に就任した。これは昭和天皇が強く推したからだった。この時期はヒトラーのドイツがヨーロッパの戦場で連戦連勝中であり、軍部も世論も日独伊三国同盟を望んでいる状況だった。そんな傾向を心配した天皇は、親英米派の穏健（おだやかで、行き過ぎのないこと）派であり、広い視野

昭和〈戦前〉の総理大臣　26～42代

を持つ米内を任命したのだ。

しかし、米内が日独伊三国同盟の締結を拒否すると、陸軍は畑俊六陸軍大臣を辞任させて次の大臣を出さず、米内内閣をわずか半年で総辞職に追い込んだ。当時、陸軍大臣・海軍大臣は現役の軍人でなければならないという決まりがあり（現役武官制）、大臣を出さないことで、軍が内閣を壊すことができたのだ。

のちに昭和天皇は「米内内閣がもう少し続いていれば、戦争になることはなかったかもしれない」と語っている。

日本海軍の幕引き役となる

総理を辞めたのちも、米内は戦争を終結させ戦後の混乱を抑えることに、中心となって力を尽くした。1944年7月、東条内閣が退陣すると海軍大臣に就任。総理の小磯国昭とふたりで内閣をつくりあげた（小磯内閣は「小磯・米内連立内閣」と呼ばれた）。終戦を迎える1945年の鈴木内閣でも、海軍大臣として戦争終結を強く主張する。その後の東久邇宮内閣、幣原内閣でも海軍大臣に留任した。敗戦後の1945年11月30日に海軍省は廃止され、米内は日本で最後の海軍大臣となった。

戦後、日本の戦争犯罪を裁く東京裁判が開かれたが、最後まで戦争反対を主張していた米内は、戦争犯罪の容疑者にはならなかった。1948年4月20日、敗戦後の混乱が収まりつつあるのを見届けて、米内は68歳の生涯を閉じた。

「MMK」のモテモテ海軍軍人

身長173cmと当時としては日本人離れした長身の米内は、ボウズ頭が当然だった日本軍で髪を七三に分けるなど、おしゃれでダンディ、女性に非常にモテた。ストーカーのようにつきまとった芸者までいた。米内の死後、長男の前には米内の愛人という女性が何人も現れたという。日本海軍には「MMK（モテてモテて困る）」という言葉があったが、まさに米内がそうだったのだ。

093

第38代 近衛文麿(このえふみまろ)

在任 1940(昭和15)年7月22日～
1941(昭和16)年7月18日

時流(じりゅう)を読む力を
生かせず
戦争の道へ

日独伊三国同盟を締結

　1940(昭和15)年7月22日、近衛文麿(このえふみまろ)はふたたび総理の座に就いた。9月27日には日独伊三国同盟を締結。平沼(ひらぬま)・阿部(あべ)・米内(よない)の3つの内閣が軍部の圧力を受けながらも先送りしてきたが、近衛はあっさり締結した。

　国内では、国民総動員体制を作りあげるため、近衛はすべての政党に解散するよう指示する。10月12日、全政党が解党して加わる「大政翼賛会」が発足し(総裁は近衛)、日本の議会政治は終わりを迎えた。

　1941年4月には外務大臣の松岡洋右(まつおかようすけ)がモスクワで、日ソ中立条約を締結。松岡は日独伊ソ(日本・ドイツ・イタリア・ソ連)の4国でア

メリカと対抗することを考えていたが、6月22日にドイツとソ連の間の戦争が始まったことで、この計画は成り立たなくなった。

政治に生かせなかった近衛の能力

現代からみれば、日中戦争を解決できず、太平洋戦争への引き金を引いてしまった近衛文麿は、無能で無責任な総理大臣にしかみえないだろう。しかし、次のような話が伝わっている。

三国同盟締結の翌日のこと。近衛は金光庸夫(のちの厚生大臣)に「三国同盟は戦争拡大を防ぐねらいだが、その志と反することになる恐れはないかと、昨晩はまんじりともできなかった」と語った。金光は、近衛の責任感の強さに感激したという。

また近衛は長男をアメリカの高校に留学させているが、このとき、近衛は長女に「おまえが男だったらソ連に留学させるのに」と言っている。その理由を「いずれ世界は米ソの勢力で二分される。俺はおまえたちから情報をもらって日本の政治をやる」と説明したという。昭和初期の段階で、やがて世界が東西に分断される「米ソ冷戦時代」を迎えると見通していたのだ。おそろしく正確な予測だった。時代の大きな流れを感じ取るセンスがあったのだろう。

時流を見通す能力を持ちながら、近衛はリーダーシップは発揮できなかった。近衛もそれを自覚していたのか、「四方八方に受けが良いことは、どこにも真の支持者がないのだ」、「自分は何も知らされていないマネキンガール」などと嘆いていたという。

公爵ながら恋愛結婚だった

当時の公爵という身分では珍しく、近衛は恋愛結婚している。妻・千代子は子爵の娘で華族であり、近衛のひと目惚れだったという。結婚は近衛が京都帝大の学生だった時で、やがて2男2女を授かった。ただし、当時の身分が高い者の例にもれず、近衛にはほかにも愛人がいて、子どももいた。当時、国民的人気だった歌手が近衛の愛人だったのはよく知られていた。

第39代 近衛文麿(このえふみまろ)

在任 1941(昭和16)年7月18日〜1941年10月18日

三度目の総理大臣就任。そして「悲劇」へ…

ついにアメリカとの戦争に

　1941(昭和16)年7月18日、アメリカとの交渉に反対する外務大臣の松岡をやめさせるため、近衛はいったん総辞職して第3次近衛内閣を発足させた。日本は資源を求めて、同月に南部仏印(今のベトナム南部)へ軍を進駐させたが、これが日米関係に決定的な悪影響をもたらした。アメリカは日本への石油の全面輸出禁止など制裁を強化した。アメリカとの戦争をさけるため、近衛はローズヴェルト大統領との首脳会談を望んだが、これはアメリカ側に断られてしまう。開戦の決断を迫られた近衛は、「私は戦争には自信がない。自信のある人にやってもらわねばならぬ」と政権を投げ出した。10月、第3次近衛内閣は総辞職した。

これと前後して起こったのが「ゾルゲ事件」だった。これはソ連のスパイ組織が日本国内で活動を行っていた事件で、事件の名称は中心人物のリヒャルト・ゾルゲに由来する。スパイのひとりに近衛内閣の顧問役だった元新聞記者・尾崎秀実もいた。尾崎は1941年10月14日に、ゾルゲは同月18日に逮捕された。

　この事件への近衛自身のかかわりも疑われたが、総辞職とその後のアメリカとの開戦によりうやむやとなった。

自死したただひとりの総理大臣経験者

　戦争への引き金を引いてしまった近衛だが、総理辞任後は重臣会議のメンバーとして、積極的に和平運動を推進した。

　しかし、終戦後にA級戦犯に指定されてしまう。

　1945(昭和20)年12月6日、近衛はGHQ(連合国軍最高司令部)に巣鴨拘置所(通称:巣鴨プリズン)への出頭を命じられるが、12月16日早朝に自宅で毒をあおって自死した。このとき54歳。亡くなる前日の夜、次男に託した文章には「僕の志は知る人ぞ知る」と書かれていた。近衛は、総理大臣経験者として最も若くして死去し、また自死した唯一の人物である。

　弟の近衛秀麿は「兄は政治家にまったく向いていなかったと思う。哲学者や評論家になれば、あんな最期を迎えることはなかったのに」とのちに語っている。青年時代の近衛は哲学者になる夢を持っていたという。

政治会談の舞台となった「荻外荘」

杉並区荻窪の邸宅「荻外荘」がとても気に入った近衛は、ここを購入して住み始めると目白の自宅には戻らなかった。第1次近衛内閣発足時から、荻外荘は重要な話し合いや会議が開かれる政治の場となり、第2次世界大戦直前の重要な国策の多くがここで決められた。近衛がみずから命を絶った場所も、この荻外荘だった。現在は敷地の一部が荻外荘公園として整備されている。

第40代 東条英機(とうじょうひでき)

在任 1941(昭和16)年10月18日〜
1944(昭和19)年7月22日

日米戦争の
全責任を背負い
A級戦犯として処刑

現役軍人のまま総理大臣に就任

　1884年、東条英機は東京府(今の東京都)で陸軍軍人の三男として生まれた。1938年には陸軍次官となり、第2次・第3次近衛内閣で陸軍大臣を務めた。

　1941(昭和16)年10月18日、近衛内閣の後任として東条は現役軍人のまま総理大臣に就任。このとき同時に内務大臣と陸軍大臣にも就任し、陸軍大将に昇進している。

　天皇からアメリカとの戦争をさけるように指示された東条内閣は、アメリカとの交渉を再開するが、うまくいかなかった。

　東条英機といえば、まるで日本を戦争に引きずり込んだ張本人のようなイメージを持たれているが、実際には東条内閣が発足し

たとき、すでに戦争はさけられなかったともいわれる。その点では、戦争は東条ひとりの責任とはいえないが、日本各地が空襲にさらされるような事態になってもなお、終戦に向けた努力をしなかったことは非難されるべきであろう。

1941年12月8日に始まるアメリカなど連合国との戦争では、初めのうちは日本軍が連勝した。しかし、翌年には失速が始まる。

1944年7月のサイパン島の戦いで、激闘の末に日本軍は全滅した。その責任により、東条内閣は同月18日に総辞職する。

辞任後の東条は重臣会議のメンバーとなるが、ほかの重臣が戦争を終わらせる努力をする中、東条だけが最後までアメリカと戦いぬくことを主張し続けた。

戦犯として東京裁判に

東条は「カミソリ」ともよばれるほど頭のキレがよく、また、天皇への忠誠心が非常に強かった。厳しい人というイメージが強いが、人情に厚く部下思いの一面もあったようだ。きまじめで規則をきっちりと守り、神経質なほど律儀だった。家に帰れば妻を大切にし、3男4女を持つ父親だった。

戦争犯罪を裁く東京裁判で東条は、戦争の全責任は自分にあるとした上で、裁判の不公平さを主張した。

1948（昭和23）年11月12日、東条にA級戦犯として死刑判決が下った。同年12月23日に死刑執行。このとき63歳だった。

通称「巣鴨プリズン」

東京都豊島区西巣鴨にあった東京拘置所を、戦争犯罪容疑者の収容施設としたのが巣鴨拘置所（巣鴨プリズン）である。敷地内には処刑場があり、東条英機らA級戦犯7名、B・C級戦犯52名の絞首刑が執行された。巣鴨プリズンは1958年に閉鎖され、のちに池袋サンシャインシティとして再開発された。処刑場だった場所は東池袋中央公園となり、慰霊碑が建てられている。

第41代 小磯国昭(こいそくにあき)

在任 1944(昭和19)年7月22日〜
　　　1945(昭和20)年4月7日

大戦末期の総理は
悪化する戦局に
対処できず…

「日本はこんなに負けているのか」

　1880年、小磯国昭は栃木県で警察官の長男として生まれた。陸軍士官学校、陸軍大学校を卒業したが、成績はそれほどでもなく、エリート軍人とはいいがたかった。とはいえ、人づきあいがよく知識も豊富な小磯は、1930年に抜擢(ばってき)された軍務局長という政治的な交渉やかけひきが必要なポストも、うまくこなす能力と柔軟性があった。

　1944(昭和19)年7月22日、小磯は東条英機(とうじょうひでき)の後任として総理大臣に就任した。その際に問題となったのが、当時、朝鮮総督を務めていた小磯が、長らく日本の政治から離れていることだった。そのため小磯内閣では、天皇の信頼が厚い米内光政(よないみつまさ)が海軍大臣兼総

昭和〈戦前〉の総理大臣　26〜42代

理大臣に就いた。異例の総理2人制（米内が副総理のような位置付け）である。だが、この苦肉の策もお互いが遠慮し合ってうまく機能しなかった。

小磯は陸軍大将だったが、総理に就任したときには、現役を退いた予備役になってから約6年が過ぎており、「日本はこんなに負けているのか」と驚くほど、戦争の状況を知らなかった。

戦後はA級戦犯として獄中で死す

レイテ沖海戦、東京大空襲、硫黄島の戦い、米軍の沖縄上陸と、日本の敗色が濃厚となる中、小磯は和平工作を図るなど総理として指導力を発揮しようとした。しかし、周囲の協力が得られず空回りのあげく、小磯内閣は発足から8ヶ月ほどで終焉を迎えた。

終戦後の1945年11月19日、GHQが発表した戦犯容疑者リストに小磯も含まれていた。逮捕された小磯は尋問を受けたが、このとき検事に「将軍（小磯）は『朝鮮の虎』と呼ばれているが、虎は侵略的な生き物だ。その理由をお答え願いたい」と言われた。小磯は「歴代の朝鮮総督のうち、ごらんのとおり私がいちばん顔が悪い。この顔が虎に似ているからでは」と答えた。これに尋問を記録していた女性速記者が吹き出し、検事も「よくわかった」と言って、それ以上問題にしなかったという。

小磯は東京裁判で終身禁固刑となり、1950年11月3日に巣鴨プリズンでで70歳で死去した。

小磯の意外な特技

小磯には「河鹿」というあだ名もあった。これは美しい声で鳴き、清流の歌姫と呼ばれるカジカガエルにちなんだもので、小磯が大変な美声の持ち主だったからだ。ちなみに小磯は栃木県生まれだが、小磯の父は山形県の新庄藩士で、小磯も小学校のとき山形県に転校している。そのため、小磯を山形県出身の唯一の総理大臣としている文献もある。

101

第42代 鈴木貫太郎(すずきかんたろう)

在任　1945(昭和20)年4月7日〜1945年8月17日

天皇の信頼厚い元・侍従長が、戦争を終わらせる

「とんでもない話だ。お断りする！」

　鈴木貫太郎は1867年、和泉国(今の大阪府)で関宿藩士の長男として生まれた。海軍軍人となった鈴木は、日清・日露戦争を戦い、連合艦隊司令長官を経て、1925年には海軍で最高位の海軍軍令部長にまで上りつめた。そんな鈴木が昭和天皇に仕えることになったのは、天皇が強く望んだからだ。1929年、鈴木は天皇・皇后の側近のトップである侍従長に就任した。

　1936(昭和11)年2月26日、鈴木は二・二六事件で暗殺目標のひとりとなる。侍従長官邸を襲撃した陸軍の一隊に銃撃された鈴木は、頭などに銃弾を浴び一時は心臓停止するほどの瀕死の重傷を負うが、奇跡的に一命を取りとめている。

昭和〈戦前〉の総理大臣　26〜42代

　1945年4月、鈴木は重臣会議に出席した。小磯内閣の後継として、天皇に誰を推薦するかを決める会議であった。出席者は6名の総理経験者と木戸幸一内大臣、そして枢密院議長となっていた鈴木である。若槻礼次郎、近衛文麿、岡田啓介らの口から鈴木の名が出ると、鈴木は「とんでもない話だ。お断りする！」と即座に答えた。鈴木は自分に政治家としての力がないと自覚していた。しかし、天皇に「頼む」とまで言われ、鈴木は折れて総理就任を受け入れた。

　このとき鈴木は77歳2ヶ月。歴代最高齢での総理大臣就任だった。また、国会議員ではない者が総理大臣になった最後の例となった。

太平洋戦争を終わらせる

　8月6日の広島への原爆投下、同月9日の長崎への原爆投下と続く中、ポツダム宣言を受け入れて戦争を終わらせる（敗戦する）か否か、鈴木も出席する最高戦争指導会議の結論は出なかった。8月10日未明、鈴木は「陛下の思し召しをもって、この会議の結論にしたいと存じます」と発言。そして天皇の「聖断」によりポツダム宣言の受諾、つまり日本の無条件降伏が決定した。

　8月15日早朝、終戦に反対する一隊が総理官邸と鈴木の私邸などを襲撃する宮城事件が発生するが、鈴木は間一髪脱出に成功した。鈴木は生涯に二度も暗殺されかかったことになる。

　1945年8月15日に鈴木内閣は総辞職（17日まで職務続行）。その約3年後、鈴木は肝臓がんにより80歳で死去した。

総理の弔意

敵国の大統領の死を悼んだ

1945年4月、アメリカ大統領フランクリン・ローズヴェルトが死去した。敵国の大統領の死であったが、鈴木は短波放送で全世界に哀悼の意を発信した。ドイツのヒトラーがラジオ放送でローズヴェルトを罵ったのとは対照的で、鈴木の談話は世界に感銘を与えた。一方で、同月30日のヒトラー死去に際して鈴木内閣は冷淡だった。すでに敗戦後を見すえた対応を取ったといえるだろう。

103

昭和〈戦後〉の総理大臣

第43代～第74代
(1945年～1989年)

昭 和〈戦 後〉の お も な 出 来 事

1946（昭和21）年	天皇の「人間宣言」／日本国憲法公布
1947（昭和22）年	教育基本法の制定／労働基準法の制定
1950（昭和25）年	朝鮮戦争が始まる
1951（昭和26）年	サンフランシスコ平和条約の締結／ 日本の主権回復／日米安全保障条約の締結
1954（昭和29）年	自衛隊が設置される
1955（昭和30）年	自由民主党の結成。「55年体制」の始まり
1956（昭和31）年	日ソ共同宣言
1959（昭和34）年	安保闘争
1960（昭和35）年	日米新安全保障条約
1964（昭和39）年	東京オリンピックの開催
1965（昭和40）年	日韓基本条約の締結
1970（昭和45）年	日本万国博覧会の開催
1972（昭和47）年	札幌オリンピックの開催／沖縄の返還／ 日中の国交回復
1973（昭和48）年	第一次オイルショック
1974（昭和49）年	佐藤栄作元首相がノーベル平和賞を受賞
1976（昭和51）年	ロッキード事件
1978（昭和53）年	第二次オイルショック／ 日中平和友好条約の締結
1986（昭和61）年	バブル景気の到来
1988（昭和63）年	リクルート事件
1989（昭和64）年	昭和天皇が崩御

日中国交正常化を実現した・田中角栄の登場

第43代 東久邇宮稔彦王

在任 1945(昭和20)年8月17日〜10月9日

戦後の後始末に かり出された 皇族総理

戦後処理と「一億総懺悔」

　久邇宮朝彦親王第9王子で陸軍出身の東久邇宮稔彦王は、終戦からわずか2日後の1945(昭和20)年8月17日、戦後処理の担い手として内閣総理大臣に任命された。皇族の内閣総理大臣は史上唯一であるが、これは昭和天皇とその側近の意向でもあった。

　この内閣が対処を迫られたのは、連合国軍最高司令官総司令部(GHQ)のスムーズな受け入れや、陸海軍の暴走を阻止するといった難しい課題。なんとしても無血での受け入れを実現しなければならなかった。

　政治経験がまったくない東久邇宮は当初就任を拒んだが、終戦の決定に納得しない軍部の暴走を阻止し、国民をひとつにまとめて

昭和〈戦後〉の総理大臣　43〜74代

荒廃した日本を復興に導くためには、皇族が政府の先頭に立つのがふさわしいという周囲の声に押され、最終的に首を縦に振った。

敗戦処理と戦後復興に向けた方針として、東久邇宮は「一億総懺悔」を掲げた。これは、敗戦は国家政策の誤りだけではなく、国民も責任があるという主張で、初の記者会見で東久邇宮は「全国民総懺悔をすることが我が国再建の第一歩である」と述べた。これに対しては、「敗戦の責任の所在をあいまいにしている」という批判もあったが、国民や軍部は、心配された進駐軍への暴発を起こすこともなく敗戦という現実を受け入れていく。

在職日数は史上最短

総理に就任すると、東久邇宮は降伏文書への調印や軍部の解散といった重要な仕事をこなしていった。

GHQからは次々と民主化政策をつき付けられたが、10月4日に出された「人権の指令」とよばれる治安維持法の廃止や政治犯・思想犯の釈放、特高警察の廃止を含んだ内容の指令については、実行することができなかった。

GHQの言いなりになるだけで独自の政策を打ち出せない現状への無力感と、無理な指令への抗議の意志から、東久邇宮は在職期間わずか54日で総辞職を決め、政界をあとにした。54日間は、のちに第100代の岸田文雄内閣が38日間で総辞職するまで、長らく史上最短記録だった。

ヤミ市から新興宗教まで

1947年に皇籍を離脱したのちは、東久邇稔彦と名乗った。その後、新宿のヤミ市に食料品店を出したり喫茶店の経営にも手を出したりしたが、どれも長続きしなかった。1950年には宗教団体「ひがしくに教」を立ち上げ、さらに晩年は女性に戸籍を乗っ取られるなど世間をにぎわせた。102歳で死去した東久邇宮は、世界の総理経験者の最長寿記録とも言われている。

109

第44代 幣原喜重郎

在任 1945(昭和20)年10月9日〜
1946(昭和21)年5月22日

憲法第9条の基盤をつくった平和主義者

民主化を円滑に導く

東久邇宮の辞任後、GHQによる占領政策を進めるためには国際的な広い視野を持つ人物が総理大臣として求められていた。

幣原は戦前、外交官の経歴を持ち、平和的な国際協調路線の外務大臣として知られていたが、その後、真逆の軍拡路線がはびこる日本の政治の中で目立たない存在になっていた。そのため幣原は世間ではすでに「過去の人」となりつつあったが、戦後の時代に必要な資質を持つ人物として昭和天皇や吉田茂からの強い後押しで、73歳にして内閣総理大臣となった。

総理就任後は、親英米派として独自の人脈を用いて活躍し、東久邇宮の辞任のきっかけにもなった「人権の指令」を含む数々の民

主化政策を、周囲の期待通り次々と推し進めていった。

とりわけ、就任から2日後に幣原がGHQを訪れた際に、マッカーサーから口頭で命じられた五大改革（婦人解放、労働組合の結成奨励、学校教育における自由主義教育の実施、秘密警察などの圧政的制度の撤廃、経済機構の民主化）は、日本の民主化を大きく促すものであった。幣原はこの改革にも着実に取り組み、1946（昭和21）年4月、女性参政権を認めた戦後初の衆議院議員総選挙の結果、39名の日本初の女性議員が誕生した。

日本国憲法にまつわる謎

また、幣原といえば1946（昭和21）年に公布され、1947（昭和22）年に施行された日本国憲法の誕生に大きく関わったことでも知られている。「戦争の放棄」を掲げた第9条と天皇制の存続を最初に提唱した人物は幣原だったのでは、という説が根強い。一説によると、マッカーサーは幣原が持ち出した天皇制の存続には異議を唱えず、戦争放棄の案にいたっては感動のあまり目に涙をうかべて幣原に握手を求めてきたともいわれる。

戦争放棄と天皇制存続が憲法に盛りこまれた経緯は正確にはわかっていないが、総理辞任後に「世界の共通の敵は戦争それ自体」と述べていた幣原が、平和を強く追い求める人物だったことは間違いない。

総理の平和主義

亡くなる直前まで平和について思いをめぐらす

1951年、幣原が亡くなる10日ほど前に元秘書と語り合った記録が、現在も国立国会図書館憲政資料室に残されている。「平野文書」とよばれるそれには、「世界は真剣に戦争をやめることを考えなければならない」など、幣原の平和に対する思いがちりばめられている。また、「原子爆弾はやがて他国にも波及するだろう」と未来を予言するような発言も記録されている。

第45代 吉田茂（よしだしげる）

在任 1946（昭和21）年5月22日～
1947（昭和22）年5月24日

労働者たちから
怒（いか）りを買い、
選挙で敗れる

怒（いか）りに燃える労働争議

　幣原（しではら）の後継として日本自由党総裁（そうさい）である鳩山一郎（はとやまいちろう）が総理となるはずだったが、鳩山はGHQにより戦前の行動を問題視され、公職追放となった。代わって指名されたのが外務大臣だった吉田茂（よしだしげる）である。

　戦後間もない時期の政治課題は何よりも「経済復興」と「国際社会への復帰」であった。吉田は危機にあった経済を立て直すため、傾斜（けいしゃ）生産方式の導入に着手する。傾斜とは傾（かたむ）き、つまり平たくすべてをやるのではなく、重点を置くということだ。吉田は、復興に重要な石炭と鉄鋼に重点的に資金を投入し、それを軸に、他の業種も活性化させようとした。

　しかし、食糧（しょくりょう）不足や労働問題がすぐに解決するわけではなかっ

た。労働争議(労働者が賃金などをめぐって起こす使用者との争い)は全国で苛烈をきわめ、1946年末には「吉田内閣打倒国民大会」が開かれる。さらに吉田が1947年の年頭の辞において、一部の労働者を「不逞の輩」と呼んだことから労働組合は一斉に激怒し、ゼネスト(全国的なストライキ)を計画。直前で中止されたが、彼らの怒りはおさまらなかった。1947年4月の選挙で吉田内閣は支持されず、労働者から絶大な支持を得た日本社会党が第1党となった。

外交のプロフェッショナル

吉田は1906年に外務省へ入省以来40年近く外交官として中国・イギリスなどで活躍した。本格的に政治家となったのは戦後すぐであった。東久邇宮内閣、幣原内閣において外務大臣を務め、自身の内閣でも第3次の途中まで外務大臣を兼任している。

総理大臣となってからも、その外交感覚は大いに期待された。敗戦直後の日本は連合軍の占領統治下にあり、国家としての外交権は制約されていた。当時における「外交」とはすなわちGHQとの交渉である。吉田は外交のプロとしてGHQと渡り合い、マッカーサーとの良好なパートナーシップを結ぶことにも成功した。

占領下の日本にこの外交手腕は不可欠であったが、第1次内閣においては十分に発揮されず終わってしまう。その実力が示されるのは片山、芦田内閣を経た第2次以降の吉田政権においてであった。

130年以上にわたる「トップ」の家系

1873年に初代内務卿(今でいう総理大臣)となった大久保利通は、吉田茂の義理の祖父にあたる。また、2008年から1年間総理を務めた麻生太郎は、吉田茂の孫である。家系図を書くと日本の「トップ」経験者が3人縦に並ぶ。政治家は世襲(子どもが親の職を継ぐこと)が多いとはいえ、130年以上にわたって続く国政のトップの家系は、明治以降ほかにはない。

第46代 片山哲(かたやまてつ)

在任 1947(昭和22)年5月24日～
1948(昭和23)年3月10日

日本社会党
初めての総理だが
政策は骨抜(ほねぬ)きに…

まとまらない連立政権

　1947年(昭和22)年の衆議院総選挙で日本社会党は第1党となるが、官房(かんぼう)長官となる西尾末広(にしおすえひろ)はこのとき、「えらいこっちゃあ」と漏(も)らしたという。過去に政権をとったことがなく、経験豊かな人材はいない。準備不足の自覚があったのだ。

　社会党は議席が過半数には届(とど)かなかったため、国民協同党、民主党との三党連立内閣を樹立(じゅりつ)する。ソ連や中国と近しい日本共産党は除(のぞ)かれ、自由党も入閣(にゅうかく)しなかった。これは自由党の吉田茂(よしだしげる)らが社会党内の左派(共産主義を容認する勢力)を嫌ったためである。自由党は、政権の不安定さを見通して共倒(ともだお)れをさけたともいえる。

　総理には片山哲(かたやまてつ)が指名され、マッカーサーからも祝福を受けた。

本来、資本主義国アメリカを中心としたGHQと社会主義とは相容れないはずだが、片山がキリスト教を信奉していたため、好感を持たれたのだろう。

ところが、たった9ヶ月あまりで内閣はあっけなく総辞職する。やはり準備不足がたたったといえよう。

名ばかりの社会主義

片山内閣は前吉田内閣に引き続きGHQの指導する新制度の整備を進めていった。たとえば刑法・民法を改正して戦前の封建的な制度を解体したり、失業保険の創設や労働省の設置などを行い、国民の福祉を拡充させた功績は大きい。

一方、経済面では成功を収めたとはいいづらい。「全国的な飲食店への休業命令」などで食糧難に対処し、インフレ抑制のために「新物価体系」を策定したが、いずれも国民に我慢を強いる政策となってしまう。人々の生活は楽にならず、労働運動は激化した。

社会主義は国が経済活動を管理して、平等で公正な社会をめざす考え方である。片山内閣で実施された社会主義的な政策として目玉ともいえるのが石炭の増産と国有化をめざす「臨時石炭鉱業管理法」だ。この法律の成立は片山の悲願だったが、与野党の反発で骨抜きにされ、理想とはほど遠い形に変えられてしまった。結局、国民から期待されていたような「社会党らしい」政策は、ほとんど実行できなかったのである。

総理のあだ名

教養深い人格者、なのに「グズ哲」?

片山のあだ名は「グズ哲」。政権運営や政争に弱く、独自の政策も失敗に終わり、無能の人と見られたのだろう。しかし実際には人柄に優れ、弁護士としても手腕を発揮し、白楽天の漢詩についてなど数十冊の著書も残した教養深い人格者である。風流を知り、柔軟な心を持った教養人でも「グズ」とされてしまうのが、厳しい政治の世界なのかもしれない。

第47代 芦田均(あしだひとし)

在任 1948(昭和23)年3月10日～10月15日

憲法9条の文言に修正を加えた人物。アメリカには追従

憲法9条の文言に関与

芦田といえば、現在もたびたび話題となる憲法9条論議の始まりとなった「芦田修正」で知られる人物である。

芦田修正とは、日本国憲法ができる前の1946年のできごとである。このとき芦田は、憲法草案を検討する委員会の委員長に就いていた。ここで芦田は、軍隊の不保持を定めた日本国憲法第9条第2項に「前項の目的を達するため」という限定的な文言を追加した。これにより軍隊の保持については、侵略戦争のためではなく、自衛(自国を守る)のためなら許されるという解釈が可能になったとされる。これについて芦田は、「再軍備の可能性を残したものだ」とのちに語っている。

GHQの御用聞き状態

　総理に就任した芦田には、インフレ対策や労働争議への対処など課題が山積みだった。しかもすべてGHQを通さないとできなかったため、その対応に苦労は絶えなかった。

　中道（右翼的でも左翼的でもない）の芦田をGHQは評価、後押ししたので、芦田内閣の下では国家行政組織法や教育委員会法など、多くの法律が成立したが、地味なものが多く、大胆な独自の政策は打ち出すことができなかった。

　芦田は「GHQの御用聞き」「イエスマン」と批判され、内閣支持率は低かった。その状況について芦田は「占領軍治下における政府としては、誰が担当しても連合国の占領政策の線に沿って行う以外に道はない」と諦めにも近い愚痴を残している。

昭和電工事件で失脚

　1948（昭和23）年、昭和電工事件が起きると、芦田はその責任を取って内閣を総辞職した。

　この事件は、昭和電工が復興金融金庫から融資を得るために、政府高官などに対してわいろを持ちかけた事件であるが、最終的には複数の国会議員が逮捕されるという異例の事態となった。その中には総理辞任後の芦田も含まれていた。ようやく1958年に無罪が確定したものの、芦田はその翌年に帰らぬ人となった。

総理の著書　晩年は執筆活動に力を入れる

小説家にあこがれていたこともある芦田は、文筆家としての才能があり、特に晩年は歴史書や回想録の執筆にも取り組んだ。『芦田均日記』は、日本の歴史が政治の当事者の立場から記されている。そのほか『革命前夜のロシア』や訳書『最近世界外交史 前篇—ビスマルクより世界大戦まで』など、広く世界の歴史にも関心を向けて執筆をしていたことがわかる。

第48代 吉田茂
よしだしげる

在任 1948(昭和23)年10月15日〜
　　　1949(昭和24)年2月16日

不信任案の可決を喜ぶなれあい解散

「なれあい解散」

　1948年3月に日本自由党が民主党を出たグループを吸収し民主自由党が発足、吉田が総裁となる。10月に芦田内閣が総辞職すると代わって政権を握るが、この第2次吉田内閣は衆議院で過半数に満たない「少数与党」であり、単独の意志で法律や予算を通すことができず、常に野党と妥協する必要があった。

　そのため、吉田は一刻も早く議会を解散し、総選挙を行ってより多くの議席を得たかった。しかし野党は、いま選挙すれば大敗間違いなしと予測して、吉田内閣の不信任案を提出しなかった。憲法第69条には「内閣不信任決議案が可決されたとき」に、衆議院が解散される定めがある。しかし、内閣不信任案が提出されなければ、可

昭和〈戦後〉の総理大臣　43〜74代

決も否決もありえない。いくら吉田が解散したくてもできないというわけだ。吉田は、69条とは別の憲法第7条を根拠にあげ、内閣不信任決議案とは関係なく、内閣は衆議院を「解散できる」と主張したが、決着はつかなかった。

この間に立ったのはGHQである。速やかに日本の政局を安定させ、経済復興に重点を移すため、GHQは69条による解散を与野党に促したのだ。最終的には、「予算案に野党の意見を反映させる代わりに、内閣不信任案を提出させる」という取引に落ち着く。野党はしぶしぶながら内閣不信任案を提出、そして可決する。与党は嬉々としてこれに従った。不信任されて喜ぶのはまるであべこべだが、これは事前のシナリオ通り。なあなあに進んだこの解散劇は、のちに「なれあい解散」とよばれた。

友人・広田弘毅の処刑

1948年12月23日、第40代内閣総理大臣東条英機以下7名のA級戦犯が絞首刑となった。A級戦犯とは、アメリカなど連合国により行われた極東国際軍事裁判（東京裁判）において「平和に対する罪」として有罪となった者である。そのうち死刑判決を受けた全員が、この日処刑された。第32代内閣総理大臣であり、吉田の外務省入省時の同期、広田弘毅もそのひとりであった。

7人の遺骨の一部はその後、伊豆の「興亜観音」のそばに埋葬された。石碑に刻まれた「七士之碑」は、吉田が揮毫した（書いた）。

GHQは何の略？

吉田は日本国憲法の制定に奔走していたころ、「なぜそんなに急ぐのか」と問われ、こう答えたという。「早く憲法を作って独立して、GHQに帰ってもらいたいからだ。Go Home Quickly（早く帰れ）だ!」。吉田の頭の回転の速さがうかがえる。このような、何でも冗談に変えるユーモア精神は、外交の場でも役立ったのではないだろうか。

119

第49代 吉田茂(よしだしげる)

在任 1949(昭和24)年2月16日～
1952(昭和27)年10月30日

戦後の日本を独立させたワンマン宰相(さいしょう)

「吉田学校」を率いて君臨(くんりん)

　外交官出身の吉田には、直接の部下といえるような政治家が少なかった。そこで1949年(昭和24)年の総選挙に際しては、各省庁(ちょう)で働く国の役人の中から優秀(ゆうしゅう)な者を多数出馬させ、大勝利をおさめた。

　のちの58～60代総理大臣池田勇人(いけだはやと)、61～63代佐藤栄作(さとうえいさく)、また82・83代橋本龍太郎(はしもとりゅうたろう)の父・橋本龍伍(りょうご)などが初当選し、吉田の手足として3年8ヶ月におよぶ長期政権の支えとなった。

　吉田を中心とするこの国会議員グループは「吉田学校」と呼ばれ、以後も大物政治家を多数輩出(はいしゅつ)する。吉田が「ワンマン宰相」と呼ばれるのは、彼(かれ)らのトップに君臨して巨大な権力(けんりょく)を握(にぎ)ったからだ。

昭和〈戦後〉の総理大臣　43〜74代

戦後日本の独立を実現

　当初は「日本の民主化・非軍事化」を掲げていたGHQも、冷戦（西側＝アメリカなど資本主義陣営と、東側＝ソ連・中国など共産主義・社会主義陣営との対立）の高まりによって次第に方針を変え、1950年の朝鮮戦争の開戦を受けて、いよいよ日本に再軍備を要求する。国内でも再軍備を容認する世論が過半数に達していた。

　しかし吉田は首を縦には振らず、治安維持を主な目的とする警察予備隊（のちの自衛隊）が作られるにとどまった。実のところ、吉田は自衛のための軍備は整えるべきだと考えていたらしい。にもかかわらず再軍備に反対したのは経済的な不利益の回避と、早期講和、すなわち独立のためだった。日本がふたたび戦争を起こすのではないかと警戒する諸国へ向けたアピールでもあったのだ。

　吉田の駆け引きは実り、1951年9月にサンフランシスコでソ連などの社会主義国を除く48ヶ国と講和条約を結んだ。それは日本がアメリカを中心とする西側陣営の一員となる選択でもあった。

　同日に調印された日米安全保障条約は米軍の駐留を認めることがおもな内容だが、アメリカの日本防衛義務は示されず、日本にとって不平等な条約だった。それを吉田は、アメリカ側が4名の連名であるのに対し、たった1人で署名した。

　これらの条約は1952（昭和27）年4月に発効し、日本は占領下から主権を回復し、ついに戦後の独立を果たした。

「戦争で負けて、外交で勝った歴史はある」

これは総理初就任時に言った言葉とされ、終戦後の口癖だったとも言われる。「試合に負けて勝負に勝つ」という言葉もあるように、勝ち負けとはいろいろな角度から決められるもの、という意味だろう。

吉田はマッカーサーと親交を深め、アメリカとの関係を作り上げた。戦後の独立も日米安保条約も、吉田が力を尽くした外交の結果だった。

121

第50代 吉田茂(よしだしげる)

在任 1952(昭和27)年10月30日～
1953(昭和28)年5月21日

人気は低迷。「バカヤロー解散」ですぐ総選挙に

鳩山派(はとやまは)との対立

　この当時、反吉田勢力の中心にいたのは鳩山一郎(はとやまいちろう)である。そもそも吉田は、鳩山が公職追放を受けたため代わりに総理となったのであった(第1次吉田内閣)。鳩山としては総裁(そうさい)の座を返してもらうつもりであったが、吉田にその気はなかった。

　復権(ふっけん)を狙う鳩山派をくじくため、鳩山派の選挙準備が整う前を狙って、吉田は1952年8月、衆議院を突如(とつじょ)として解散させる(抜き打ち解散)。その後の総選挙では自由党が過半数を得て、その内訳(うちわけ)は吉田派が鳩山派を上回(うわまわ)った。かろうじて総理の座を保った吉田は、鳩山派を内閣に入れなかった。

　怒(おこ)った鳩山派は、吉田の片腕(かたうで)であった池田勇人(いけだはやと)通産大臣の発言

昭和〈戦後〉の総理大臣　43〜74代

（経営の原則を無視している中小企業が倒産するのは気の毒だがやむをえない、という内容）を野党とともに責め立て、不信任案を可決させて池田を辞任に追い込む。吉田と鳩山の対立は激化していった。一閣僚に対する不信任決議は日本国憲法下で唯一のことであった。

「バカヤロー」で解散

第3次吉田内閣が終わるきっかけとなったのは、1953（昭和28）年2月28日の衆議院予算委員会、社会党の西村栄一の質問に対する吉田の答弁だった。速記録によると、西村のやや挑発的な発言に対し、吉田はまず「無礼じゃないか」と呼びかける。対して西村が「質問しているのに何が無礼だ。君の言うことが無礼だ。」と返すと、吉田は「バカヤロー」と言い放ったという。

西村は「バカヤローとは何事だ。これを取り消さない限りは、私はお聞きしない（質問をやめる）」と応戦。吉田はすぐに「私の言葉は不穏当でありましたから、はっきり取り消します」と発言を撤回する。しかし騒然となった議場の雰囲気は静まらなかった。

「バカヤロー」という言葉だけみれば、大声で怒鳴ったように思われるが、実際には着席したまま、つぶやく程度の声だったらしい。それでもこの発言は大問題に発展、内閣不信任案が提出され、可決された。

吉田は解散に踏み切り、前回からたった半年あまりでふたたび総選挙が行われたのである。

回想録で食い違う、吉田と鳩山の言い分

吉田の回想録によると、公職追放された鳩山から総裁後継の依頼を受けたとき、次の3つの条件を提示したとある。「党の資金作りはやらない」「内閣人事に鳩山は口を出さない」「いやになったらいつでも辞める」。ところが鳩山の回想録によると、4つ目の条件として「鳩山の追放が解除されたらすぐに総裁の座を返す」があったらしい。どちらが正しいか、真実は藪の中である。

123

第51代 吉田茂
よしだしげる

在任 1953(昭和28)年5月21日～
　　　1954(昭和29)年12月10日

得意の外交にも
かげりを見せて
総裁辞任へ

防衛庁と自衛隊

　マッカーサーの指令を受け吉田が組織させた「警察予備隊」は、1952年に新たに設置された保安庁に所属し「保安隊」と名を変えていた。「警察の予備」という名目に代わり、保安隊の目的は「わが国の平和と秩序を維持し、人命及び財産を保護する」こととされ、防衛の性格が明確となる。また運輸省に属していた海上警備隊も保安庁の下に入り、「陸海」が一本化された状態となっていた。

　「バカヤロー解散」後の総選挙で争われたのは、まさにこの再軍備問題である。吉田は「憲法を改正（改憲）せず、自衛力を増強させる」と主張し、鳩山派と改進党は「改憲したうえでの再軍備」を掲げた。この選挙で吉田はからくも勝利し、過半数に届かない少数与党

昭和〈戦後〉の総理大臣　43〜74代

ながら総理の座を守った。

　1954年7月、保安庁は防衛庁、保安隊は自衛隊に変わる。陸・海・空の3自衛隊が設置された。吉田はあくまでも自衛隊は軍隊ではなく、憲法第9条に違反しないとし、国会の場でも「いわゆる戦力がないことは明らか」と述べた。

ついに「吉田の時代」が終わる

　1954（昭和29）年9月26日、吉田はアメリカ、カナダ、イギリス、フランス、西ドイツなど欧米7ヶ国を約2ヶ月かけて訪れた。イギリスではエリザベス女王に拝謁し、外相イーデンと会談。アメリカではアイゼンハワー大統領やマッカーサーなどを訪問した。

　同年11月24日、吉田帰国の7日後に鳩山一郎や岸信介ら反吉田派の議員を中心とする日本民主党が結成される。彼らの最初の仕事は内閣不信任案の提出であった。吉田は解散で対抗しようとはかったが、内閣のメンバーたちの反対を受けて総辞職を選択する。こうして、第5次吉田内閣は終わった。

　5回という総理大臣任命回数の記録は、いまだに破られていない。ワンマンで民主的でない面もあったが、朝鮮戦争に巻き込まれることもなく、また、控えめな防衛力を持つにとどめたことは吉田外交の成果といえるだろう。「吉田学校」であとに続く多くの政治家を育てたことも、すばらしい成果だ。吉田は、戦後日本を導いた総理だった。

総理のお葬式

「国葬」は戦後初

1967（昭和42）年10月20日、吉田茂は89歳で没する。同月31日に日本武道館において、戦後初の「国葬」が行われた。官公庁や学校は半休となり、参列者は推定3万5000人。葬儀委員長は当時の総理大臣であり「吉田学校」出身の佐藤栄作が、外遊先から緊急帰国して務めた。戦後日本独立の功績の大きさを物語る盛大な葬送であった。

125

第52代 鳩山一郎(はとやまいちろう)

在任 1954(昭和29)年12月10日～
　　 1955(昭和30)年3月19日

公職追放からの
復活を果たし
総理大臣に

総理になりそこねた?

　衆議院議長を務めた鳩山和夫を父に持つ一郎は、1915年に衆議院議員になった。その後、田中義一内閣では内閣書記官長を、犬養内閣、斎藤内閣では文部大臣を務めるなどして戦前から存在感を高めてきた。1930年、ロンドン海軍軍縮条約に関して、鳩山は当時の浜口内閣を攻撃した。軍の反対を押し切って内閣が軍縮を決めるのは、天皇の持つ統帥権(軍の最高指揮権)を犯すものだという指摘である(統帥権干犯問題)。このときの言動が、のちの鳩山の人生に大きく影響することになる。

　終戦後の1946(昭和21)年の総選挙で、鳩山は総理就任がほぼ確定していた。しかし、統帥権干犯問題などをGHQから「軍部の台頭

昭和〈戦後〉の総理大臣　43〜74代

に協力した軍国主義者」と指摘されて公職追放されてしまう。やむなく総理の座を吉田茂に譲った。

1952(昭和27)年に鳩山は公職追放から復帰したが、「復帰後、自由党の総裁を譲る」という約束を破った吉田と対立するようになる。1954年12月、吉田の退陣でようやく総理に就任した。

総理就任の背景には、政党間の交渉もあった。就任直前の11月に鳩山が結党した日本民主党だけでは衆議院で過半数に達しないため、社会党の支持を取り付けたのだ。その見返りに鳩山は、衆議院の早期解散を約束した。

いきなりの「天の声解散」

社会党との約束もあり、第1次鳩山内閣は早々に衆議院解散で幕を閉じる。

この解散劇は1955年1月、衆議院本会議で起きた。代表質問で石橋湛山通産大臣が答弁をしている最中、衆議院議長がそれを突然さえぎり、「日本国憲法第7条により、衆議院を解散する」と、鳩山から渡された詔書を発表したのだ。議場内は騒然としたが、解散を待ちわびていた議員たちによる「万歳！」の合唱が鳴り響いたという。

「なぜこの日に解散したのか」と新聞記者からたずねられた際、鳩山は「天の声を聞いたからです」と答えた。このことから、この解散は「天の声解散」とよばれている。

総理の子孫

長男も孫2人も大臣に!

鳩山家は政治家一家だ。鳩山一郎の長男の威一郎は1974年参議院議員に当選し、2年後には外務大臣を務めた。孫の由紀夫は2009年に第93代内閣総理大臣を務めた。同じく孫の邦夫も文部大臣、労働大臣、法務大臣、総務大臣などを歴任した。ちなみに鳩山家の学力は特別なようで、一郎の父から孫まで、4代続けて全員東大に進学している。

第53代 鳩山一郎（はとやまいちろう）

在任 1955(昭和30)年3月19日〜11月22日

自民党結成、「55年体制」が幕を開ける

鳩山ブームで第1党に

　あわただしく解散した第1次鳩山内閣。鳩山は吉田茂とは対照的に陽気で開放的な性格の持ち主であったことから、国民からの人気が高まり、1955年2月の衆議院議員総選挙では「鳩山ブーム」が巻き起こる。その結果、鳩山率いる日本民主党は解散前の124議席から185議席に躍進し、第1党となった。それでも過半数には届かず、少数与党として第2次鳩山内閣はスタートした。

　この内閣では、吉田茂内閣のアメリカ中心の外交をあらためる動きも見られ、日ソ交渉も再開された。しかし、アメリカからは防衛費の増額と米空軍基地の拡張を強いられるなど、結局はアメリカの言うことを聞くばかりの体制となっていった。

昭和〈戦後〉の総理大臣　43〜74代

自民党誕生と55年体制

　鳩山政権は憲法改正を提唱するなど、日本の戦後の民主化・非軍事化に逆行する「逆コース」とよばれる動きを見せた。右派と左派に分裂していた日本社会党(社会党)は、これに対抗するため同年10月に社会党再統一を行った。日本民主党や自由党などの保守政党は、社会党の勢力拡大に大いに危機感を覚えた。

　日本が社会主義国になることを恐れたアメリカや、日本の財界からの要請もあり、11月15日に鳩山は日本民主党と自由党を合同させ、国会内で強い力を持つ自由民主党(自民党)を結成する。

　与党第1党で自民党が政権を維持し、それに野党第1党の日本社会党が対抗するこの体制は、1955年に確立したことから「55年体制」と呼ばれ、二大政党対立の図式が成立した。当時はアメリカとソ連による冷戦の影響で世界中が資本主義と社会主義に分断されていたことから、日本国内の二大政党対立も、この国際社会を反映したものだったという見方もある。

　なお、二大政党といっても、実際の議席数では自民党が全体の約3分の2、社会党は約3分の1であった。そのため二大政党制ではなく「一と二分の一政党制」と呼ばれたりもした。

　この自民党結成を受け、鳩山内閣は11月21日にいったん総辞職するが、ふたたび鳩山が総理大臣に指名され、第3次鳩山内閣に突入する。

友愛を提唱し、普及に尽力

クーデンホーフ=カレルギーの著書『全体主義国家対人間』に感銘を受けた鳩山は、「友愛」の精神の普及に精を出した。鳩山は友愛三原則として人格の尊厳に基づく相互尊重、相互理解、相互扶助を提唱。国際連合加盟などの政治業績も、その友愛が貫かれたものかもしれない。友愛の精神は鳩山の孫・由紀夫にも引き継がれており、由紀夫は総理時代に「友愛外交」を展開した。

第54代 鳩山一郎(はとやまいちろう)

在任 1955(昭和30)年11月22日〜
1956(昭和31)年12月23日

日ソ国交回復と国連加盟(かめい)を実現させる

憲法(けんぽう)改正はいばらの道

　第3次鳩山内閣は初の自民党単独内閣である。自民党が国会で絶対多数を占めていた。

　鳩山は日本の独立を維持するために再軍備を唱えて、改憲を主張していた。憲法改正は衆参両院で3分の2以上の議席を確保する必要があるので、保守合同による自民党結成はそのためでもあったとされる。1956年5月に憲法調査会法が公布され、改憲への動きは進展しているように思われた。

　しかし、同年7月の参議院選挙では社会党を含む護憲派が改憲を阻止(そし)するために必要な3分の1の議席を確保したため、鳩山の改憲に向けた動きはストップした。

ソ連と国交回復、国連に加盟

　戦後の日本はアメリカのみならず西側諸国との関係を積極的に改善させていったが、戦後日本の独立を果たしたサンフランシスコ平和条約にも、ソビエト連邦は反発して調印していない。鳩山内閣の政策の目玉は「ソ連との国交正常化」であった。当時、ソ連にはまだ多くの日本人が終戦後から抑留されていて、彼らを一刻も早く救い出す必要があったのだ。

　第2次鳩山内閣は日ソ交渉を再開、そして1956（昭和31）年10月に鳩山がモスクワを訪れ、日ソ共同宣言に署名した。これで日本とソ連の戦争状態がようやく終結する。残された抑留者の帰還などが決まったほか、両国の経済、文化の交流も再開された。しかし、択捉島、国後島、色丹島、歯舞群島の返還を日本が求める北方領土問題は先送りとなった。

　1952年に日本が国際連合（国連）への加盟を申請した際、ソ連などの反対で却下されていた。しかしソ連との国交が回復したことで1956年12月、日本は80番目の加盟国として国際連合への加盟を果たした。この功績は、吉田茂によるサンフランシスコ平和条約の締結とともに、日本の戦後復興の象徴ともいえる外交上の成果である。

　鳩山は、日ソの国交回復と国連加盟を見届けると、その直後に引退を表明。内閣総辞職をしてあっさりと政界を去った。

情熱があふれる大量のラブレター

鳩山は、純愛の末に結婚した薫夫人に大量のラブレターを送っていた。それらは『若き血の清く燃えて』というタイトルで書籍化もされている。そこには「今、もし本当にシスター（薫のこと）を見ることができ、キスすることができればなあと！」といったぐあいに、若かりし日の鳩山の情熱がたっぷり記されていて、総理の意外な一面をのぞくことができる。

第55代 石橋湛山(いしばしたんざん)

在任 1956(昭和31)年12月23日～
1957(昭和32)年2月25日

潔い辞任で
野党さえ評価した
元ジャーナリスト

就任後発表した「5つの誓い」

　引退した鳩山のあとをめぐって行われた自民党総裁選で、石橋は最有力視されていた岸信介を7票差で破り総理大臣に就任した。だが、在任期間は65日で、歴代で5番目に短い内閣である。また、石橋は国会で一度も演説や答弁をしないまま辞職した唯一の総理でもある。

　総理就任後の自民党大会で石橋は、福祉国家の建設、世界平和の確立などから成る「5つの誓い」を公約に掲げた。それに加え財政面で「1000億減税・1000億施策」を柱とする積極経済政策を示したことも国民から評価され、高い内閣支持率を記録した。

　石橋は就任の翌年、総選挙に備えて年明け早々から10日間で全

国9ヶ所を回るというハードな遊説を展開した。自らの信念を国民に直接伝えるだけではなく、国民の意見も積極的に聞いて回った。

その疲れの蓄積もあってか、母校である早稲田大学で総理就任祝賀会に出席したあと倒れて入院してしまう。検査の結果、肺炎と脳梗塞の兆候があるとわかった。医者から2ヶ月の絶対安静が必要だと言い渡された石橋が決めたのは、総理辞任という選択だった。就任から約1ヶ月後の入院で、以降は病床にあったので、総理として仕事にあたったのはわずか34日間だった。

病に倒れて潔く辞任したわけは?

石橋がわずか2ヶ月で辞任したのには理由がある。石橋は戦前に東洋経済新報社でジャーナリスト(記者・編集者)をしていた。政府や軍部の批判もいとわない自由な言論人として活躍していたのだが、1930年に浜口雄幸総理が狙撃されて入院した際には、社説の中で「議会運営に支障をきたすので、潔く退陣すべし」と主張していたのである。

同じように入院し、国会に出られなくなった自分が続投すると、当時の読者を裏切ることになるのではないかと考えた石橋は、過去の自分の言葉に責任を持つべく、後継者に岸信介を指名して辞任の道を選んだ。

石橋の早すぎる辞任に対し、多くの国民が同情した。自民党のみならず野党もその潔さを高く評価し、今でも語り草となっている。

戦前に軍部を臆することなく批判

石橋は、1911年に東洋経済新報社に入社してジャーナリストとして活動していた。大正デモクラシーの時代にはいち早く国民主権を提唱した言論人でもある。また、当時軍部批判はタブー視されていたが、軍部の植民地支配批判や台湾・朝鮮・満州の放棄などを提案する「小日本主義」を発表している。石橋は最終的に東洋経済新報社の社長にまで上りつめた。

第56代 岸信介(きしのぶすけ)

在任 1957(昭和32)年2月25日～
1958(昭和33)年6月12日

のちに弟も総理になる親米家宰相

岸家と佐藤家と安倍家

　岸信介の岸家と、佐藤栄作(のちの総理大臣)の佐藤家は、いずれも山口県を地元とする。岸の父親は、婿養子として佐藤家に入った。岸は「佐藤信介」として生まれたのち、父の実家である岸家を継ぐため養子に入って「岸信介」となった。岸家と佐藤家とは、このように養子を交換し合うような関係であった。佐藤栄作は、岸信介の実の弟である。名字が異なるのはこのためだ。

　岸の娘は、同じく山口県を地盤とする政治家・安倍晋太郎と結婚、その息子が第90・96～98代内閣総理大臣安倍晋三である。ちなみに、晋三の弟である「安倍信夫」が養子として岸家に入り、あとを継いだ。この「岸信夫」もまた国会議員となり、防衛大臣にまでなって

昭和〈戦後〉の総理大臣　43〜74代

いる。岸家、佐藤家、安倍家は養子縁組によって関係を深めながら、多数の大物政治家を輩出してきたのだ。

A級戦犯容疑者からの政界復帰

　岸は、東京帝国大学（のちの東京大学）法学部を卒業後、農商務省に入省。順調に出世を重ねて、当時の満州国の経済的実権をほぼ握るまでになった。その手腕を買われて東条内閣では商工大臣に抜擢され、軍需産業（軍隊で使われるものを作る産業）の指揮を執るが、終戦後はA級戦犯容疑者とされ逮捕されてしまう。

　幸い訴えられて裁判にかけられることはなく、政界に復帰。徐々に重要な存在となっていき、石橋内閣で戦後初入閣を果たした。

基本路線は「反共・親米」

　石橋湛山が病に倒れたあと、外務大臣だった岸が臨時代理となり、そのまま総理大臣に就任した。

　岸の基本方針は「反共産主義」と「親米」であった。1957年6月に、岸はアメリカを訪問し、アイゼンハワー大統領と会談している。このときの記者会見では「日本は絶対に共産主義や中立主義に走らない」と演説した。改憲と再軍備にも積極的な岸の姿勢は、アメリカにとっては非常に望ましいものとして映ったはずである。この良好な関係の下、のちの日米安全保障条約改定の下地はできあがっていった。

総理の始球式

日米のマウンドに立った総理は巨人ファン

1957年、岸はセ・リーグ開幕戦の巨人対国鉄（今のヤクルト）戦において始球式を務めた。さらに同年の訪米時には、メジャーリーグのヤンキース対ホワイトソックス戦で始球式を行っている。日米両方のプロ野球のマウンドに立った現職の総理は、岸ただひとりである。野球好きで大の巨人ファンであり、かつ親米家であった岸ならではのエピソードといえるだろう。

第57代 岸信介(きしのぶすけ)

在任 1958(昭和33)年6月12日～
1960(昭和35)年7月19日

新たな日米安保条約を強引に成立させる

新安保条約の強行採決

1958年、岸は政権をより強めるため解散総選挙を実施して、圧勝する。第2次岸内閣の悲願は日米安全保障条約の改定(新安保条約)であった。旧条約は日本にとって不平等が際立つものであったため、全面改定により改善すべきだと岸は考えていた。しかし、やはりアメリカ側に都合のよい条件が示されたことや、条文の解釈が不明瞭で日本がアメリカの戦争に巻きこまれる不安があったこと、日本の自衛力の発展増強が前提とされていることなど争点は多く、新安保条約の国会承認はなかなか進まなかった。

1960年6月19日にアメリカのアイゼンハワー大統領が訪日することはすでに決まっていた。岸はどうしても、その前に条約の承

昭和〈戦後〉の総理大臣　43～74代

認を得たかった。タイムリミットは5月19日。社会党を中心とする野党は強く反対して引き延ばしをはかる。そこで岸は19日深夜、なんと500人もの警官を導入して野党を国会から排除し、自民党議員だけで新安保条約を承認するという強行採決を行ったのだ。

この強引な手法にはさすがについていけず、欠席した自民党議員もいた。そこまでして新安保条約を成立させるほど、岸は日米関係を何よりも重く見ていたのである。

安保闘争の激化と退陣

5月19日を境に、全国の安保反対運動（安保闘争）は一挙に盛り上がる。新聞各紙は強行採決を非難した。

6月4日には戦後最大の交通ストライキが行われ、全国の集会やデモには560万人が参加したという。大都市の主要道路は、広げた両手をつないで行進する「フランス式デモ」で埋め尽くされた。のちに東京都知事を務める作家の石原慎太郎やのちにノーベル文学賞を受賞する大江健三郎など文化人も大規模な抗議を行った。国会へは全国の大学生の組織が連日デモをかけ、6月15日には学生たちが国会に突入し、死者まで出た。

岸は予定通りにアイゼンハワー大統領を迎えるつもりで、警備の増強を計画していたが、警察庁などからも反対があり、6月17日に訪日延期が発表された。新安保条約は6月23日に成立し、同日に岸は辞意を表明した。

総理のお金

黒い噂も絶えない「昭和の妖怪」

岸はパーティーを開いて集まった会費を政治資金とするいわゆる「政治資金パーティー」の慣行を作った人物とされる。黒い噂にもこと欠かず、金権政治体質は岸内閣から始まったとさえいわれる。アメリカのCIA（中央情報局）から資金提供を受けていたとも伝えられ、謎に包まれた大物の政治家のイメージから「昭和の妖怪」と呼ばれたりもした。

第58代 池田勇人（いけだはやと）

在任 1960（昭和35）年7月19日～12月8日

国民の心をとらえた所得倍増スローガン戦略

演出された「寛容と忍耐」

　議会のルールを無視した岸内閣の強硬な態度に不信感を持った人々は、新総理である池田の動向を注意深く見つめていた。池田としても国民の信頼と政治的安定を取り戻した状態で総選挙に臨みたかったため、イメージアップが必要だった。

　そこで池田内閣は「低姿勢」という内閣の基本路線と、「寛容と忍耐」というキャッチフレーズを採用する。池田内閣には多くの優秀なブレーン（相談役）が存在したことでも有名であるが、その中心にいた大平正芳や宮沢喜一の発案によるものといわれている。この実践のため、池田は大好きなゴルフや料亭通いも我慢しなければならなかったが、その甲斐あってか「吉田学校」出身の元官僚

昭和〈戦後〉の総理大臣　43～74代

としてはめずらしく大衆的人気を得た総理大臣となった。

このころ過激派右翼による個人テロ事件が相次いでおり、議員やマスコミ関係者などが標的となっていた。中でも社会党のトップであった浅沼稲次郎が演説中に刺殺された事件は世間を騒然とさせた。池田は速やかに国家公安委員長に責任を負わせて辞職させ、国会では浅沼を追悼する名演説を行うことで世論を納得させた。これらの対応もおおむねブレーンの助言によるものだった。

国民所得倍増計画

池田内閣は、「10年間で国民ひとり当たりの所得を2倍にする」という所得倍増を政策スローガンとして掲げ、その期待も池田の人気を支えた。「倍増」とは印象的なフレーズだ。新聞に載ったある大学教授の短いエッセイに「日本を福祉国家として発展させていくためには賃金を2倍にする必要がある」という内容のものがあり、池田はそれを読んだのだという。これをもとに池田とブレーンたちは、よりイメージしやすく力強い「所得倍増」というスローガンへと進化させていった。

池田内閣成立時、世間は「岩戸景気」とよばれる好景気にわき、所得倍増は国民にとっても夢物語ではなかった。元大蔵官僚であり大蔵大臣（今の財務大臣）も経験した池田には自信もあった。1960年11月の解散総選挙では「経済のことは池田にお任せください」「私は嘘は申しません」と連呼し、自民党を圧勝に導いた。

総理の失言

「貧乏人は麦を食え」

これは、1950年、吉田内閣時代の失言である。正確には「所得の少ない人は麦を多く食う、所得の多い人は米を食うというような経済の原則にそったほうへ持っていきたい」と言ったのが「貧乏人は麦を食え」と報じられたのだ。大臣だった時代はほかにも失言があったが、総理となったのちは見当たらない。政治家として成熟し、よき補佐役に恵まれた結果だろう。

139

第59代 池田勇人（いけだはやと）

在任 1960(昭和35)年12月8日～
1963(昭和38)年12月9日

経済、外交、そして教育と幅広く成果をあげる

貿易の自由化をめざす

池田は国内に向けて所得倍増を叫びつつ、諸外国との関係改善による経済発展にも全力をあげた。欧米やアジア各国を次々と訪問し、貿易の自由化を進めていった。

1961年6月には、アメリカを訪れる。アメリカは、経済発展をとげつつある日本を手厚くもてなした。池田はケネディ大統領と、大統領専用ヨットの上で会談した。ケネディは「イコール・パートナーシップ」を掲げ、日本を対等な貿易相手としていく態度を示した。

ヨーロッパとの貿易の推進にも努め、1964年の第3次内閣でのOECD（経済協力開発機構）加盟につながった。これは、日本が発展途上国を支援する側の「先進国」として、自由主義陣営から認めら

昭和〈戦後〉の総理大臣　43〜74代

れたことを意味している。さらに池田は、日中貿易を再開させ、韓国や東南アジアの国々などとの関係も進展させた。貿易が自由になるということは、外国製品と国内製品との競争が起きるということでもある。競争に勝ちぬくため、池田は産業の合理化、能率化を促進し生産力を高めるための施策をさまざまに行った。

また池田は、教育にも力を入れた。大学の理系学部を増設し工業高校を増やすなど理工系教育の土台を固め、科学技術立国（科学技術力を育て、それによって国を発展させること）を支える人材を生み出していった。

教育の重要さをうったえる

1963年の所信表明演説で池田は、「国づくりの施策と並んで、その根幹となる人づくりは、国家百年の大計であります」と述べている。青少年の育成のため「教育環境の整備は、一日もゆるがせにできません」とうったえた。池田といえば経済のイメージが強いが、教育による人材の育成もめざしていたのである。

総理在任中の1961（昭和36）年には、新しい「学習指導要領」が施行されている。これによって、全国の公立校で統一した内容を教えることが徹底された。

戦後の混乱期が終わり、独立を果たし、経済的にも安定の兆しが見えてきたこの時期、人や心を育てる「教育」について、池田は思いをめぐらせ始めていたのだろう。

総理の母校

夏目漱石の影響あり？

熊本にある池田の母校（旧制第五高等学校・のちの熊本大学）には夏目漱石の銅像と「教育ハ建国ノ基礎ニシテ」という言葉の刻まれた石碑がある。漱石は30歳の頃、この学校で英語を教えていた。池田の演説にある「国づくりの……根幹となる人づくり」の元ネタはこれかもしれない。ちなみに、池田の次に総理大臣となる佐藤栄作も、同校の卒業生である。

第60代 池田勇人（いけだはやと）

在任 1963(昭和38)年12月9日～
1964(昭和39)年11月9日

東京を変え、
日本を変えた
オリンピック

東京オリンピックの開催

　第18回オリンピック大会は1964年10月10日から24日にかけて東京で開催された。開会式は快晴に恵まれ、テレビ中継は「世界中の青空を全部東京に持ってきてしまったような、素晴らしい秋日和でございます」という名実況で始まった。この9日前に東海道新幹線が開業し、初代「ひかり」は東京と大阪を4時間で結び、夢の超特急ともてはやされた。

　1959年にオリンピック開催が決まってからの5年間で、東京は大きく変化した。首都高速道路や幹線道路が張りめぐらされ、地下鉄は路線を増やした。古い建物が壊されてホテルやマンションが建ち始め、上下水道が整備された。現在の「都市」の形はこの時期に

昭和〈戦後〉の総理大臣　43〜74代

ほぼ完成し、全国に広がっていった。

日本は豊かになりつつあった。池田の所得倍増計画は順調に進んだといっていいだろう。「3種の神器（白黒テレビ、冷蔵庫、洗濯機）」は急速に普及し、国民は「3C（カラーテレビ、自家用車＝カー、クーラー）」にも手を伸ばし始めていた。いわゆる右肩上がりの高度経済成長時代に突入していたのである。

東京オリンピックで日本は16個の金メダルを獲得した。アメリカ、ソ連に次いで3番目である。自信を得た国民は、さらなる成長へと突き進んでいく。

太く短い政治人生

東京オリンピック直前の9月9日、池田は突如入院した。喉頭がんが進んでいたのだが、本人にも国民にも告知はされず「前がん症状」と発表された。回復に努め開会式には出席したものの、閉会式に出ることはかなわず、10月25日に辞意を表明する。後任総裁は話し合いで決めることを池田は望んだが、名乗りをあげた佐藤栄作、河野一郎、藤山愛一郎の三者はいずれも譲らない。11月9日、池田は「吉田学校」の仲間であった佐藤を指名し、その役割を終えた。

辞任後は熱海で静養していたが、翌年7月にがんが再発、手術もむなしく、8月13日に65歳で帰らぬ人となった。政界に入ってから死去までわずか16年、太く短い政治人生であったが、その功績は大きく、名宰相との呼び声は今でも高い。

総理の好物

伝統となった「カレーアピール」

池田はとにかくライスカレー（当時はカレーライスをこう呼んだ）が好きで毎日のように食べていたという。議員同士での「カレー会談」も頻繁に行われ話題となったが、これは親しみやすさを演出するための大平正芳の入れ知恵だったといわれている。その後もカレーは政治家の庶民派アピールの定番となり、現在の自民党本部にある食堂の看板メニューはビーフカレーだという。

143

第61代 佐藤栄作（さとうえいさく）

在任 1964(昭和39)年11月9日～
　　　1967(昭和42)年2月17日

「吉田学校」の優等生による長期政権の始まり

池田路線を継ぎつつ外交を重視

　佐藤は岸信介の弟として山口県に生まれ、熊本の旧制第五高等学校に学んで東京帝国大学（のちの東京大学）法学部に進学、鉄道省の官僚となり、吉田茂に引き立てられて政界に入った。佐藤を総理に指名した池田勇人は第五高等学校の同級生（生まれた年度は池田が1年早い）で、同じ「吉田学校」の出身でもあり親交は深かった。

　この内閣は当初、前の池田内閣とほぼ同じ顔ぶれであり、政策も多く引き継いだため「居抜き内閣」と呼ばれた。「居抜き」とは、前に使っていた人の家具などが付いたままで建物を売買することをいう。佐藤内閣が池田内閣と代わり映えしないことが、軽んじられた呼び方だ。しかし、経済では池田にかなわないことを悟っていた佐

昭和〈戦後〉の総理大臣　43〜74代

藤は、外交に重点を置いて次第に自分の色を強めていく。この内閣では、韓国との国交正常化に成功している。

人事の佐藤

池田勇人に続いてほかの有力者も相次いで世を去り、佐藤のライバルは不在となった。それ故、佐藤は派閥を気にせず自由に次の世代の政治家を育て、「人事の佐藤」とよばれる名采配を見せた。第1次内閣では、のちに総理となる田中角栄、三木武夫、福田赳夫、竹下登、鈴木善幸、宮沢喜一を登用している。第2次以降には、これまたのちの総理となる中曽根康弘と大平正芳も入閣した。部下に恵まれたのは、池田との大きな共通点であるといえよう。

国民の祝日を3日増やす

佐藤内閣は祝日法を改正し、敬老の日、体育の日、建国記念の日を追加した。敬老の日は9月15日（現・9月の第3月曜日）、体育の日（現・スポーツの日）は東京オリンピック開会式の10月10日（現・10月の第2月曜日）とした。しかし建国記念の日は難しかった。日本がいつ建国されたのかは、さまざまな説・意見があったからである。

「建国記念の日」として「の」が挿入されているのは、この事情による。建国した日そのものではなく、建国を祝う記念の日として解釈できるようにした苦肉の策だ。日付は『日本書紀』に初代神武天皇の即位日とある2月11日に落ち着いた。

総理の先輩

63歳、86歳に学ぶ

佐藤は上司にも恵まれた。歳を取ると注意してくれる人や手本となる人がいなくなり、ひとりよがりになってしまうとくいわれるが、佐藤には幸い還暦を過ぎてからも相談できる年上の先輩が複数いた。師である吉田茂や実の兄の岸信介らである。1964年に吉田と交流していた記録があるが、佐藤は63歳、吉田は86歳だった。学ぶ姿勢を佐藤は忘れなかった。

145

第62代 佐藤栄作(さとうえいさく)

在任 1967(昭和42)年2月17日～
1970(昭和45)年1月14日

ノーベル平和賞にかがやいた自称「栄(えい)ちゃん」

ノーベル平和賞を取った男

　1967年11月、佐藤はアメリカのジョンソン大統領と会談し、当時はアメリカの施政権の下にあった小笠原諸島と沖縄の返還について原則的合意を取り付ける。1968年に小笠原諸島の復帰は実現し、1969年にはニクソン大統領との会談で「1972年中の沖縄返還」を約束させた。佐藤はかつて「沖縄の祖国復帰が実現しない限り、わが国にとって"戦後"は終わっていないことをよく承知しております」と述べたが、外交努力によってその日は着々と近づいてきていた。

　「核兵器を持たず、作らず、持ち込ませず」の非核三原則が初めて国会の場で議論されたのもこのころだった。返還後の小笠原諸島

146

昭和〈戦後〉の総理大臣　43〜74代

や沖縄に、米軍の核兵器が置かれてしまう可能性が懸念されたのである。佐藤は非核三原則を強調した。

この「非核三原則の提唱」が国際的にも評価され、佐藤は1974(昭和49)年にノーベル平和賞を受賞する。

しかし実は裏でニクソン大統領と密約を結んでおり、有事の際の沖縄への核兵器の持ち込みを容認していた事実が、のちに明らかになっている。

「栄ちゃん」と呼ばれたい

口が堅くて余計なことは一切しゃべらず「黙々の栄作」とも呼ばれた佐藤だったが、それとは対照的な意外なエピソードも伝わっている。政敵であった大野伴睦をしのぶ場で、佐藤は「(大野は)伴ちゃんと呼ばれ愛されていた。私も栄ちゃんと呼ばれたい」と口にした。また、佐藤は髪を伸ばしたり、流行のシャツやネクタイを身につけたりするなど、おしゃれに気をつかう人物でもあった。

1968年、参議院議員の山田勇が質疑に立った。山田は「横山ノック」として大人気を博したお笑い芸人でもあり、のちに大阪府知事も務める人物だ。「栄ちゃんと呼んでほしい、と総理はかつて申されたことがありますが、現在もそのお気持ちにはお変わりありませんか」と山田が切り出すと、佐藤は「大衆性を持ちたい」ための発言だったとしたうえで、「(呼んでほしいが)場所だけは選んでください」と返した。

ファーストレディは人気者

佐藤と妻の寛子はいとこ同士だった。寡黙で慎重な性格だった佐藤とは対照的に、寛子はおしゃべりで茶目っ気があった。1969年に62歳で訪米した際に当時流行のミニスカートをはいて話題になったが、沖縄返還のため、少しでも印象をよくしたかったのだと著書で語っている。晩年までたびたび雑誌やテレビに登場した人気者だった。

第63代 佐藤栄作(さとうえいさく)

在任 1970(昭和45)年1月14日〜
1972(昭和47)年7月7日

新聞記者を
全員追い出して
退陣表明

佐藤時代の終わり

　佐藤の人気もやがてかげりを見せ始めた。長期政権に国民が飽きたこともあるが、高度経済成長のマイナス面が生じ始めたことも一因だろう。公害(工場などの活動により、環境を汚染し人の健康を損なうこと)問題はその象徴だった。

　いわゆる四大公害(水俣病、新潟水俣病、イタイイタイ病、四日市ぜんそく)は、長く大問題とされてきたが、企業側に厳しい規制をかけることはできず、根本的解決に向けてはほぼ無策といってよい状況であった。1971(昭和46)年にようやく環境庁が発足するが、すぐにめざましい効果が上がるわけではなかった。

　そこへニクソン・ショックが追い打ちをかける。アメリカ大統領

昭和〈戦後〉の総理大臣 43〜74代

ニクソンが外交や経済政策で日本を軽視したような動きを見せ、日米の協力関係が大きく揺らいだ。佐藤の威信も失われ、1972(昭和47)年5月に沖縄返還を実現したのち、佐藤は総理を辞める決意をする。

「国民に直接話したい」

1972年6月17日に行った退陣表明会見で、佐藤はまず「テレビカメラはどこかね?」と問いかけた。「僕は国民に直接話したい。新聞になると(話した通りと)違うからね。偏向的な(意見が中立でなく偏った)新聞は嫌いなんだ。大嫌いなんだよ。(新聞記者がいるなら)やり直そう。帰ってください」と言って席を立ってしまった。竹下登官房長官の説得を受けて席に戻り、「国民の皆様に、私が今日……」と話し始めたところで、新聞記者のひとりが言葉をさえぎった。先の佐藤の発言を「絶対許せない」として怒りをあらわに反論したのだ。佐藤が「出てってください、それなら」と言い返したので、記者たちはぞろぞろと退室していった。ガラガラの会場の中で会見は続けられ、佐藤はテレビカメラに向かって国民に辞意を伝えた。

ちなみに、佐藤の怒りは必ずしも理不尽なものではなかったらしい。テレビのみの会見にしたいという希望は伝えてあり、話もついていたという。

7年8ヶ月の長期政権はこうして幕を下ろした。連続在任期間は安倍晋三に次ぐ歴代第2位。佐藤は安倍の大叔父にあたる。

死の直前までの23年間を丹念に記録

佐藤は、1952年から1975年にわたって、ていねいな日記をつけていた。最後の日付は5月18日、築地の料亭で倒れる前日である(6月3日死去)。日記は死後20年以上経って出版された。原本がなくなるなどして約5年分が未収録だが、それでも全6巻、合計3200ページを超える大作となった。戦後政治史研究の重要な史料となっている。

第64代 田中角栄(たなかかくえい)

在任 1972(昭和47)年7月7日〜12月22日

選挙といえば、新潟といえば、この人です！

地元に根ざした庶民総理

　新潟の貧しい農家に育ち、「高等小学校卒」を最終学歴とする者が総理にまで上り詰めたということで、田中は豊臣秀吉になぞらえて「今太閤」ともてはやされた。高等小学校は現在の小学校と中学校の間に位置づけられる。15歳で上京し、働きながら中央工学校土木科の夜学を出るが、これは当時学歴として認められなかった。今でいえば「専門学校卒」にあたる。田中はのち、政治家と並行してこの学校の校長を19年間務めた。

　とにかく田中は選挙に強かった。新潟から立候補し、生涯地元を大切にした。初出馬では惜しくも落選したが、ユーモアもまじえながら、雪国の人々の実感にうったえる有名な演説を残している。

昭和〈戦後〉の総理大臣 43〜74代

「みなさん、群馬県との境にある三国峠を切り崩してしまおう。そうすれば日本海からの季節風は太平洋側に抜け、越後には雪は降らない。みなが大雪に苦しむことはなくなるのであります。切り崩した土砂は日本海へ持っていく。埋め立てて、佐渡と陸続きにさせてしまえばええのであります！」。

1947（昭和22）年の二度目の立候補からは快進撃が続き、逮捕されても、総理を降りても、自民党が大敗しても、自民党を離党して無所属となっても、一度として負けることはなく16回連続当選を果たした。政界を去ったのは1990（平成2）年だった。

日中国交正常化

田中は選挙だけが取り柄ではない。「コンピュータ付きブルドーザー」といわれるほどの知性と行動力とをあわせ持っていた。佐藤のやり残した日中国交回復を総理就任からわずか3ヶ月と経たずに成し遂げている。おまけに友好の証として2頭のパンダをプレゼントしてもらった。パンダのカンカンとランランは上野動物園で公開されて大ブームを巻き起こした。

この功績をひっさげて1972年12月の解散総選挙に臨んだが、自民党はやや議席を減らしてしまう。理由のひとつは、公約に掲げていた「日本列島改造構想」が物価の上昇を招いてしまったことにある。就任直前に出版した著書『日本列島改造論』は100万部に迫るベストセラーとなったが、期待が大きすぎたのかもしれない。

総理の地元愛

「東京の人はいやな人たちだ」

田中の幼いころ、関東大震災で焼け出された親戚が新潟へ避難してきた。そのときによほど悪い印象が残ったのだろう、子ども心に「東京の人はいやな人たちだ」と思ったとのちに語っている。田中は新潟の人たちの陳情をよく聞き、できる限り応えた。新幹線も関越自動車道も田中が通したようなものだといわれ、上越新幹線の浦佐駅前には田中の銅像が建っている。

151

第65代 田中角栄(たなかかくえい)

在任 1972(昭和47)年12月22日〜
1974(昭和49)年12月9日

狂乱物価と金脈問題で政権は終わった

オイルショックと高度経済成長の終わり

　1973(昭和48)年10月、多くの産油国が原油の供給制限や大幅な値上げを相次いで行い、世界経済は大混乱に陥った。第1次オイルショック(石油危機)である。

　高度経済成長により日本の産業は石油に依存したものになっており、その99%以上を輸入に頼っていた。人々は「石油がなくなり、物資が不足する」とパニックを起こし、トイレットペーパーなど日用品の買い占めに走った。スーパーマーケットの棚は空っぽになり、エネルギー節約のため街の明かりが消され、マイカー使用の自粛やデパートなどの時間短縮営業も要請された。折からのインフレも影響して物価は激しく上昇し、「狂乱物価」と呼ばれる異様な

昭和〈戦後〉の総理大臣　43〜74代

状況となっていった。

「右肩上がり」の極端な経済成長は、この年で終わった。田中の国民的な人気も衰え、内閣支持率は急落していった。

桁違いの金脈問題で失脚

「企業などから献金を受け、手下の議員たちに配る」という、金で自分のグループを拡大するやり方は、当時のいわゆる「派閥政治」では当たり前のやり方だった。ただ、田中の場合は金額の桁が違い、ばらまく範囲も広かった。地方で貧しく育った田中が政界の中枢に入り、力を維持するには、誰よりもお金を集め、使う必要があったのかもしれない。

その金権政治の内幕を暴いた特集が1974年10月発売の月刊誌に掲載された。合計60ページで、田中政治のお金の動きと、秘書である女性がどう関わっているかなどが記されていた。テレビや新聞は初め沈黙したが、欧米で多く報じられ、やがて国内でも大きな話題となる。田中の評判は地に落ち、内閣総辞職に至った。

総理辞任後の1976年、アメリカの航空機製造会社ロッキードから賄賂を受け取っていたとして、田中は逮捕、起訴される（1983年に東京地裁で有罪判決を受ける）。そのため自民党を離党し、同年の衆議院議員選挙は無所属で出馬。それでも地元の圧倒的な支持は変わらずトップ当選を果たす。その後も田中は引退までトップ当選を続け、政界でも強い影響力を保ち続け「闇将軍」と呼ばれた。

総理の逸話

数あるユーモラスなエピソード

田中ほどいわゆる「逸話」の豊富な人物も珍しい。長く田中の秘書であった佐藤昭子の著書からひとつだけ紹介しよう。ソ連を訪問する際、盗聴されるので気をつけるよう忠告された田中は、それならばと機転をきかせ、ホテルの部屋で「石けんが酷い」「トイレットペーパーがざらざらだ」など、わざと声に出して言ってみた。翌日にはいずれも新しく質の良いものに取り替えられていたという。

153

第66代 三木武夫(みきたけお)

在任 1974(昭和49)年12月9日〜
　　　1976(昭和51)年12月24日

お金や組織に流されないクリーンな政治家

理想高き清らかな実力派

　三木は1937年の初当選から19回連続当選し、衆議院議員に51年間在職した実力派である。金権政治を可能な限りなくそうと努め、民主的な議会と清廉な政党政治を理想とした。田中角栄とは正反対のやり方であり、田中の次に総理に選ばれたのもその「クリーン」なイメージへの期待があったからだ。

　これ以前の戦後の総理たちは官僚出身が半数以上を占ていた。そのため自身のかつて属していた分野に政策が偏ってしまう場合も多かった。一方、三木はアメリカ留学などを挟んで30歳で大学を卒業したのち、すぐに立候補して初当選した。政治家以外の職業に就いたことがなかった。海外にいた期間が長いこともあってか、

昭和〈戦後〉の総理大臣 43〜74代

日本的な組織の論理に染まった人間とは一線を画していた。

官僚よりも学者を

学生時代から雄弁部（弁論部）に所属し、アメリカでも各都市を講演して回っていた三木は、政治家として演説の原稿をすべて自分で書いたという（通常は官僚などが用意することが多い）。政策立案も官僚ではなくみずから優秀と見込んだ学者たちの起用を好んだ。三木が学問を政治に生かそうと尊重していたことは間違いない。

政治の浄化を試みるも

国民から「クリーンな政治」を期待された三木は、政治献金の規制強化など、政治を浄化するための数々の方策を案じたが、政界だけでなく財界などからも激しく反対され、わずかな成果しか残せなかった。総理になったとはいえ、党内での三木の勢力は決して大きいものではなかったからだ。金権政治から距離をおいた三木は、自身の政治資金も不足しがちで、大きな派閥を率いることができなかった。

さらに、ロッキード事件（田中角栄の関わったとされる贈収賄事件）の真相を究明しようとする態度なども大派閥の反発を呼んだのか、「三木おろし」とよばれる激しい倒閣運動が自民党内で巻き起こる。

なんとか任期満了まで逃げ切り総選挙を行うが、自民党は大きく議席を減らし、責任を取る形で内閣は総辞職した。

理想のかたわらで現実も見る

三木は理想主義者的であったが、ただ理想に突き進んでいたのではない。たとえば派閥解消を唱えつつも、みずからも派閥を率いていた。あるいは、金権政治を批判しつつも、金による裏工作をまったく行わなかったわけではないようだ。理想をめざしつつ、現実として必要であれば行動したのである。三木なりの「理想と現実とのバランス」があったのだろう。

第67代 福田赳夫(ふくだたけお)

在任 1976(昭和51)年12月24日〜
1978(昭和53)年12月7日

権力争いに弱く、70歳を過ぎてやっと総理に

政策に強く、政争に弱い

　福田は豊かな農家の生まれで、東京帝国大学(のちの東京大学)法学部を卒業、大蔵省の官僚となり、やがて国政に進出した。これは貧しい農家に生まれ、最終学歴を「高等小学校卒」とし、土木建築業から政治家になった田中角栄とは、まさに対極のプロフィールだ。

　ふたりの対立は「角福戦争」と呼ばれた。佐藤栄作の後継総理は福田と思われていたが、巧みな工作によって田中がその座を奪ったのである。「政策には強いが政争(権力争い)には弱い」といわれ、福田がようやく総理大臣となるのはその4年半もあとのこと。すでに71歳となっていた。

　総理となってからも、福田は政争の弱さで足元をすくわれた。今

昭和〈戦後〉の総理大臣　43〜74代

度は「大福戦争」が始まったのである。「大」とは大平正芳。福田は再任をめざしたが、大平が田中派と組んでそれを阻もうとした。

自民党総裁選挙の予備選で、福田は大平に敗北を喫する。本選は戦わずして辞退、「民の声は天の声というが、天の声にも変な声がたまにはある」と言い残して退陣を選んだ。

好敵手である田中角栄は政争や選挙に強かった。党員や有権者たち、そして権力争いのことを常に見つめていた。福田はどちらかといえば、目の前の権力争いよりもその先にある理想や信念、すなわち「政策」を見つめていた人だったのかもしれない。

「昭和元禄」の命名者

福田は「造語(言葉をつくること)の名手」といわれた。たとえば1964年、福田は高度経済成長によってもたらされた社会を「元禄」と表現している。江戸の元禄文化は、産業発展による経済成長の上に立った文化だった。時代の特徴を重ね合わせて、巧みに言葉にしている。実際に、1960年代から1970年代に、日本の文化は一気に華やいだ。特に今日サブカルチャーと呼ばれるマンガ、アニメ、ロックやポップスなどの若者文化が急速に進展した。1966年にビートルズが来日、1969年には『ドラえもん』が生み出され、福田が在任中の1978年にはアメリカの大ヒット映画『スター・ウォーズ』が日本公開されている。この時期を、福田の発言をもとに「昭和元禄」と呼ぶことがある。

「超法規的措置」で人質を救出

1977年9月28日、日本航空(JAL)の国際便がハイジャックされた。犯人グループ(日本赤軍)は乗客を人質にとり、身代金600万ドル(当時で約16億円)と逮捕されている仲間たちの釈放を政府に求めた。10月1日、福田政権は「ひとりの生命は地球より重い」としてこれに応じた。法令にない「超法規的措置」であり国内外から非難も受けたが、人質は全員無事に解放された。

第68代 大平正芳(おおひらまさよし)

在任 1978(昭和53)年12月7日～
1979(昭和54)年11月9日

地球社会の時代を見通していた哲人宰相

政界屈指の知性派

　大平は、香川県の農家出身、東京商科大学(のちの一橋大学)を卒業、大蔵省時代に池田勇人に引き立てられて政界に入った。経歴は福田赳夫ほど華やかではない。また田中角栄のようなカリスマ性や迫力もない。しかし戦後の総理大臣として最高の知性を持っていたといわれるほど頭の回転は速く、先見性のある政策や提言を多数行った。

　哲人(知恵が優れ、真理を悟った人)宰相ともいわれた大平の持論の中で、のちの政治家や知識人たちにたびたび引用されるのが「楕円の哲学」である。国や社会は「楕円形のようにふたつの中心があって、そのふたつの中心が均衡を保ちつつ緊張した関係にある」のが

よいとする考えだ。つまり、ふたつの強い力を持ったものたちが、うまくバランスを取りつつ互いににらみ合う状態。政府と有権者、集団と個人、与党と野党、東京と地方……いずれにおいても、一方だけが強い力を持つべきではないというのだ。大平は「政治は60点でなければならない」とも言った。自分が正しいと思うばかりではなく、相手にも40点を認めようという冷静な態度である。

未来を見通す予見力

1979(昭和54)年、大平は消費税の導入を唱えて人気をなくし、その年の総選挙での議席は過半数に達しなかった。内閣はここでいったん総辞職する。ちなみに、大平の唱えた消費税導入が実現するのは10年後、1989(平成元)年のことである。

大平は「政治とは何か」と問われ、「明日枯れる花にも水をやること」と返したという。短期的には実らない行為でも、愛情をもって行うことが政治である、長期的に見れば意味があるのだ、ということだろう。大平内閣は元号法を成立させたが、これもまた10年後にやってくる「平成」や、そのさらに未来の世界を想像し、先手を打ったものであった。

演説で、大平は現代を「文化重視の時代」「地球社会の時代」と表現している。経済成長による豊かさの追求には限界がきたとし、物質よりも文化に目を向け、グローバル化に対応し人類は相互協力すべきと言ったのである。大平は常に、遠くを見ていた。

19歳でキリスト教に

大平は高松高等商業学校(のちの香川大学経済学部)時代にキリスト教に出合った。「科学と宗教」をテーマとした講演を聴いて強く惹かれ、19歳で洗礼を受けている。科学と宗教はまさに、向き合うふたつの大きな力であり、のちの「楕円の哲学」にも影響しているのかもしれない。「熱心なクリスチャンとはいえないけれど、そういう傾向は持っている」と晩年にみずからを語っている。

第69代 大平正芳 おおひらまさよし

在任 1979(昭和54)年11月9日～
1980(昭和55)年6月12日

選挙中に急死したが自民党は大勝

「アーウー」がアニメにも

　大平といえば、ほとんど代名詞のように語られるのが「アーウー」である。国会答弁などの際、言葉の合間合間に「アー」や「ウー」といった声をよく差し挟むくせが印象的で、国民の間ではものまねも流行した。当時放映された子ども向けテレビアニメ『オタスケマン』の歌にも「アーウー」が使われており、子どもにまで浸透していたことがよくわかる。

　自身が語るところによると、このくせができあがったのは外務大臣時代。自分の発言はアメリカや中国やソ連なども必ず聞いている。軽はずみなことを言わないよう、「アーと言いながら考えて、ウーと言いながら文章を練っていた」とのことである。

「アーウー」ばかりが印象に残り、はっきりしない答弁のように思われてしまうこともあったが、盟友であった田中角栄が「アーとウーを省けば見事な文となっている」と評したように、常に論理的でわかりやすい話し方であった。

急死による皮肉な大勝

第1次内閣後に行われた総選挙で、自民党は議席を減らした。大平は辞任の危機にあったが、直後に行われた自民党内の選挙でかろうじて福田赳夫に勝利して総理の座を守った。しかしこの内閣は長くはなかった。半年後には社会党から内閣不信任案が提出される。通常なら自民党の票で否決できるはずだが、大平を認めない自民党内の福田派と三木派が決議に欠席したため、野党が勝って可決されてしまった。すぐに大平は衆議院を解散させ、参議院議員選挙と重なったため初の衆参同日選挙となった。

その選挙戦の最中、大平は倒れる。何本もの演説を終えた夕方、体調不良を訴えて病院に運ばれ入院、12日後に息を引き取った。現職総理の死は第29代犬養毅の暗殺以来、48年ぶりであった。選挙は弔いムードで行われた。国民の同情票も集めた自民党は圧倒的な勝利を収める。最大の危機とまでいわれた党の不調を救ったのは、総理の死であったのだ。この皮肉な結果によって党内での内紛を嫌う声が高まり、「三角大福」と呼ばれた三木、田中、大平、福田の対立も一応の終結を迎えた。

総理の半袖

「省エネルック」は「クールビズ」よりすごかった!

1979年の第2次オイルショックで節約が叫ばれ「省エネ」ブームが訪れる。大平も半袖の背広を着込んで「省エネルック」をアピールしたが、普及しなかった。2005年以降の「クールビズ」でも、ノーネクタイや半袖シャツは浸透したが、大平のように背広の上着そのものを半袖にする者は、まずいない。哲人宰相はやはり先を行きすぎていたのだろうか。

第70代 鈴木善幸

在任 1980(昭和55)年7月17日～
1982(昭和57)年11月27日

財政再建に
力を尽くすが
外交は難航

「和の政治」を見事に実現

　大平の突然の死によって自民党は次期総理の選出を迫られた。ポスト大平として中曽根康弘などさまざまな人物が浮上したが、田中角栄とも近く大平政権を支えた鈴木に白羽の矢が立った。政治家としてあまり有名ではなかったこともあり、アメリカのメディアに「ゼンコー・フー(善幸とは誰か)？」と書かれたというのは有名な話だ。

　内閣発足時、国の借金は82兆円にまで達していたため、財政再建が課題であった。そこで鈴木は行政改革に本腰を入れた。国の役所(省庁)に対し、予算の見積もりを前年度より高くすることを禁じた。また、省庁の歳出を減らすための法律を成立させた。財政再

昭和〈戦後〉の総理大臣　43〜74代

建をめぐっては、自民党内でも意見が異なり、分裂が危惧されるほど派閥対立が激化していた。そんな中で鈴木は持ち前のバランス感覚のよさを発揮。たくみな調整を行いながら財政再建に向けた改革を進め、最終的には党内での争いをなくし、円滑に政治を行う「和の政治」を見事に実現させた。

日米関係の悪化を招く

党内の調整には成功した鈴木だったが、アメリカとの関係には手を焼いた。冷戦のさなかにあった1981年、レーガン大統領との共同声明において日米で初めて「同盟関係」という言葉が使われたことが問題化した。野党などから平和憲法に違反する「軍事的な密約なのでは」と指摘され、鈴木は軍事的な意味合いはないと否定した。しかしレーガン大統領は鈴木の日米関係に対する消極的な姿勢に失望し、日本への不信を募らせるきっかけとなった。

また、アメリカのライシャワー元駐日大使が非核三原則について「核兵器を積んだ艦船の寄港」は許されるという意味の発言をしたことが問題になった際も、鈴木は協議次第では核持ち込みを許すような発言で批判を浴び、撤回した。

1982（昭和57）年10月の総裁選で鈴木は不出馬を表明。理由については「新総裁のもとに党が団結できる体制を作りたい」と述べたが、こうした日米間のこじれも背景にあったのではと考えられている。

総理の息子

現職の衆議院議員として重要ポストを歴任

鈴木家は政治家一家だ。鈴木の息子・俊一は1990年、父親の引退に伴い衆議院議員総選挙に出馬し初当選を果たした。第92代総理大臣の麻生太郎は俊一の義兄に当たる。俊一は2002年に環境大臣として初入閣。当時91歳だった鈴木はそれをとても喜んだという。その後俊一はオリンピック・パラリンピック競技大会担当大臣、財務大臣などに起用された。

163

第71代 中曽根康弘(なかそねやすひろ)

在任 1982(昭和57)年11月27日～
1983(昭和58)年12月27日

総理をめざし、ついに派閥(はばつ)を制した政界の「風見鶏(かざみどり)」

悲願の総理就任(しゅうにん)

　前任の鈴木が成り行きで総理に就任したところがあるのに対し、中曽根はずっと総理の座をめざしていた。中曽根は衆議院議員になったときから、総理になったらやりたいことをノートに書き込み続けていたという。総理になるためならほかの派閥との連携(れんけい)や妥協(だきょう)も辞さず、くるくると立場を変えることから中曽根は「政界の風見鶏(かざみどり)」とも呼ばれた。そして6回の入閣や自民党内の重要な役職を経て、ついに1982(昭和57)年11月、圧倒的(あっとうてき)得票数で自民党総裁に選ばれ、内閣総理大臣に就任する。田中派からの支援が大きく、閣僚には田中派議員を多数指名したため、中曽根内閣は「田中曽根(たなかそね)内閣」とマスコミにからかわれた。

昭和〈戦後〉の総理大臣　43〜74代

その一方で、従来の官僚による調整型政治ではなくトップダウンの政治手法で強力なリーダーシップを発揮したことから、中曽根は「大統領型総理」とも呼ばれた。

外交でも独自のパフォーマンス

就任後初の演説の中では「わが国は今、戦後史の大きな転換点に立っている」と述べ、自由貿易のさらなる推進や世界経済の拡大への貢献など、国際社会での日本の存在感を強化しようとした。また、従来の総理は就任後初の海外訪問先にアメリカを選ぶことが多かったが、中曽根は当時関係の悪かった韓国を選び、1983（昭和58）年1月、戦後初となる韓国への公式訪問が実現、日韓関係を劇的に好転させた。そのうえで、同月アメリカでレーガン大統領と会談を行い、バランス感覚に優れた外交手腕を発揮。とりわけレーガンとは「ロン」「ヤス」とファーストネームでよび合うまでに親交を深めた（ロンがレーガン、ヤスが中曽根）。

中曽根はパフォーマンスも巧みだった。レーガン大統領が訪日した際は別荘に招いて茶をたてるなど、カメラ映えのする演出で評判になった。

しかし1983（昭和58）年10月に田中角栄がロッキード事件で実刑判決を受けた影響もあり、12月の総選挙で自民党は大敗。新自由クラブと連立政権を組んだことで、1955（昭和30）年以来続いた自民党単独政権はいったん終了した。

総理の地元

群馬県出身の総理大臣は4人もいる！

中曽根は群馬県の出身である。群馬県出身の総理大臣は多く、中曽根のほかに第67代の福田赳夫、第84代の小渕恵三、第91代の福田康夫（赳夫とは親子）と4人もいる。これは山口県、東都に次いで、全国で3番目に多い。ちなみに、岩手県と広島県も4人。広島県は、第100・101代総理大臣である岸田文雄の出身県で、岸田の就任により群馬県と並んだ。

165

第72代 中曽根康弘

在任 1983(昭和58)年12月27日〜
1986(昭和61)年7月22日

公共事業の民営化に成功。バブル景気の兆し

行政改革で各種民営化を実現

　第1次内閣のときから行政改革、財政改革、教育改革を政治目標にかかげていた中曽根だったが、第2次内閣からいよいよ本腰を入れ始める。1985年に電電公社を日本電信電話(NTT)に、日本専売公社を日本たばこ産業(JT)に、1987年には日本国有鉄道(国鉄)をJRグループにするなど、国が経営している事業を民間企業へと変える民営化を推し進めたのだ。

　国鉄の民営化には激しい反対運動もあったが、赤字が続いていた国鉄は民営化で優良企業に生まれ変わった。長年国が一部で経営にかかわっていた日本航空の完全民営化に着手したのも中曽根である。こうした実行力には世論も好意的で、内閣は高い支持率を

保ち続けた。

1985（昭和60）年には「戦後政治の総決算」を表明。その中には行政・財政改革などのほかに、教育基本法や戦後歴史教育の見直しも含まれていた。そして同年、終戦の日にあたる8月15日に閣僚とともに初めて靖国神社公式参拝を行った。中曽根の動きに左派勢力からは「軍国主義者」などと批判が殺到し、靖国公式参拝は中国などからも反発を受けた。

プラザ合意とバブル景気

1980年代初頭は日本経済が勢いを増した時代である。その頂点、1980年代後半の「バブル景気」のきっかけになったのは、1985（昭和60）年の第2次中曽根内閣時、国際経済安定のために先進国が合意した「プラザ合意」だったとされる。当時アメリカは、日本との貿易で大幅な赤字を出して苦しんでいた。そこで、日本の商品を高くしてアメリカで売りにくくするために、円高ドル安が促された。プラザ合意の円高は、輸出による利益に頼っていた企業に不況ももたらし、町工場などの倒産が相次いだ。この不況に対応するための政策（金利の引き下げ）で、富裕層を中心に国民の資産が増えていく。バブル経済の兆しである。その背景に中曽根内閣の経済政策があったことは間違いないだろう。

1986（昭和61）年7月、高い内閣支持率を保つ中曽根内閣は衆参同日選挙を実施。自民党は大勝し、第3次中曽根内閣が誕生する。

激戦地で部下を失った海軍時代

中曽根は第二次世界大戦中、海軍の軍人として実戦を経験した。海軍に入った中曽根は、食料の補給などをになう主計科の士官となり、日米開戦間もないころ、戦地へ向かう輸送船団の一員となった。このとき、連合国軍の猛攻撃で中曽根は大切な部下を失ったという。これらの体験は中曽根に強烈な印象を残し、政治家への転身の動機ともなったとみずから語っている。

第73代 中曽根康弘（なかそねやすひろ）

在任 1986(昭和61)年7月22日〜
1987(昭和62)年11月6日

「売上税」で支持率が下がり、長期政権に幕

売上税導入案で人気は低下

　1986(昭和61)年7月6日に行われた衆参同日選挙（同じ日に衆議院と参議院両方の選挙が行われた）は自民党が両院で圧勝した。このとき、中曽根の自民党総裁の任期は終わりかけていたが、自民党が党の規則を変更して総裁の任期を1年延長したことにより、第3次中曽根内閣が誕生した。その直後、それまで連立与党だった新自由クラブは解体され、党員の多くが自民党に移った。

　1987年2月の国会では、戦後の税制のゆがみを改善するために、売上税（今の消費税のような間接税）の導入を含む税制改革関連法案が提出された。しかし、先の選挙で中曽根は「この顔が嘘をつく顔に見えますか」とまで発言して大型間接税の導入を否定していた

ので、売上税導入は公約違反だと批判が相次いだ。それを受けて3月の岩手県選挙区の国会議員の補欠選挙では社会党が圧勝し、4月の統一地方選挙でも自民党は敗北。国民の怒りを痛感した中曽根は、売上税法案を撤回した。

混乱の後継者選び

支持率の低下と、1年延長した中曽根の任期満了が迫っていたこともあり、次期総裁を誰にするのかという話題で自民党内はもちきりになった。1987年10月初頭に「ニューリーダー」と呼ばれた有力候補の竹下登、安倍晋太郎、宮沢喜一が相次いで総裁選への出馬を表明。この3人は名字の頭文字をとって「安竹宮」とよばれた。影響力を残したい中曽根と、激しい党内抗争にうんざりしていた安竹宮の利害が一致し、話し合いで次期総裁を決める方向になる。しかし話し合いは難航し、結局、現総裁である中曽根が候補者の一本化を任されることになった。3人の中で誰が中曽根から指名されるのか憶測が乱れ飛んで、連日のようにメディアをにぎわせた。

そして10月19日の深夜（日付は10月20日）、中曽根は竹下を指名した。竹下を選んだ理由として、竹下なら、みずからができなかった間接税導入や、容体が悪化している昭和天皇の不慮の事態にそなえることができる、といったことが決め手になったようだ。

こうして、当時としては異例の5年におよぶ通算在職期間で、戦後5番目の長期政権は11月に幕を閉じた。

数々の失言が問題を引き起こした

強い指導力を発揮した中曽根だが、失言で世間を騒がせることも少なくなかった。1986年の講演で、「黒人では字を知らないのがずいぶんいる」「アメリカには黒人とかプエルトリコとかメキシカンとか、そういうのが相当おって、平均的に見たら非常にまだ〈知的水準が〉低い」と発言。これには抗議が殺到、日本製品不買運動にもつながり、謝罪に追い込まれた。

第74代 竹下登（たけしたのぼる）

在任 1987(昭和62)年11月6日～
1989(平成元)年6月3日

消費税が
始まったのは
この内閣から

昭和最後、平成最初の総理

　竹下は「汗は自分でかきましょう、手柄は人に上げましょう」という口癖で総理にまで上り詰めた。「気配り調整」を政権のスローガンにし、内閣をつくるにあたっては総裁選を争った安倍晋太郎を自民党の重要な役職である幹事長に、宮沢喜一を副総理と大蔵大臣に任命した。各派閥から均等に人材を配してバランス感覚を発揮したこともあり、長期政権が期待された。なお、在任中の1989(昭和64)年1月7日に昭和天皇が崩御(お亡くなりになること)したため、竹下は昭和最後、平成最初の総理となった。

　竹下はかねてからの課題でもあった消費税導入に着手する。野党を中心に強い反対意見があったが、1988(昭和63)年12月に税

昭和〈戦後〉の総理大臣　43～74代

制改革関連法案を強行採決で可決、1989(平成元)年4月から税率3％の消費税がスタートした。

一方、地方交付税として全国の市区町村に一律1億円を支給するふるさと創生事業を実施。その使い道は自由とされていたので、各自治体は地域活性化などに使ったが、なかには不要なアート作品や施設の建設に費やされて無駄遣いに終わった例もある。

このころ、日米貿易でアメリカの赤字が大きく、貿易摩擦が生じていた。その解決策のひとつとして、アメリカは日本に牛肉とオレンジの輸入自由化を求めており、1988年6月の交渉で輸入枠の撤廃が決定した。日本の畜産農家は反対を唱えたが、逆にアメリカとの競争によってブランド和牛が誕生するなど、結果として品質が向上したという声もある。

リクルート事件で失脚

1988年6月に発覚したリクルート事件が政界を揺るがす。値上がり確実なリクルートコスモス社の未公開株が政治家らへ渡っていたのだ。これに竹下も関与していた疑惑が浮上し、内閣支持率は1桁まで落ち込んだ。

翌年4月には竹下がリクルート社からの借入金の存在を公表していなかったことがスクープされ、4月25日に退陣を表明。所信表明で熱弁した「清潔な政治」という言葉は裏切られた。この事件以降、世間での政治不信は一気に高まった。

総理の孫

孫はテレビ番組で活躍するあの人

竹下の孫は現在テレビなどで活躍中のミュージシャンでタレントのDAIGO。デビューしたてのころは祖父のことを公表していなかったが、現在はさまざまなところで祖父や交流のあった政治家のエピソードを披露している。俳優の北川景子との結婚式には政界関係者も多数出席し、DAIGOの政界進出もささやかれたほどだった。

平成の
総理大臣

第75代〜第98代
(1989年〜2020年)

平 成 の お も な 出 来 事

1989 (平成元) 年	平成に改元／消費税 (3%) 導入／ ベルリンの壁崩壊／東西冷戦の終結／ 天安門事件
1990 (平成 2) 年	東西ドイツが統一される
1991 (平成 3) 年	湾岸戦争／ソ連が崩壊／バブル景気の終わり
1993 (平成 5) 年	欧州連合 (EU) の成立／ 非自民党政権の細川内閣が成立
1995 (平成 7) 年	阪神淡路大震災が発生／地下鉄サリン事件
1997 (平成 9) 年	消費税が5%に
2000 (平成 10) 年	沖縄サミットの開催
2001 (平成 13) 年	アメリカで同時多発テロ
2004 (平成 14) 年	陸上自衛隊がイラクに派遣される
2008 (平成 20) 年	リーマンショック
2009 (平成 21) 年	民主党政権 (鳩山由紀夫内閣) 成立
2011 (平成 23) 年	東日本大震災が発生／ 福島第一原子力発電所事故が発生
2014 (平成 26) 年	消費税が8%に
2015 (平成 27) 年	安全保障関連法の成立
2016 (平成 28) 年	熊本地震が発生
2019 (平成 31) 年	新元号「令和」の発表

郵政民営化を推し進めた・小泉純一郎の登場

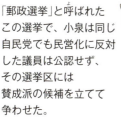

第75代 宇野宗佑(うのそうすけ)

在任 1989(平成元)年6月3日～8月10日

就任3日で発覚した女性問題により支持率は急落

消去法による突然(とつぜん)の選出

　リクルート事件によって失脚(しっきゃく)した竹下登(たけしたのぼる)の後釜(あとがま)として、当初は安倍晋太郎(あべしんたろう)などの候補者(こうほしゃ)があがったが、安倍を含(ふく)む多くの政治家がこの事件に関与(かんよ)していたことから次期総裁選(そうさい)びは難航(なんこう)した。そこで、事件と関係の薄(うす)い宇野(うの)が突如(とつじょ)総理として推され、宇野を支える閣僚(かくりょう)たちもリクルート事件と関係の薄い人選となった。

　宇野は外務大臣の経験もあることから、7月に控(ひか)えていたサミットに適任だったという理由もある。宇野は政治家としてあまり有名ではなかったが、リクルート事件で自民党への不信感が漂(ただよ)う中で、クリーンな内閣のイメージ作りには貢献(こうけん)したといえる。

平成の総理大臣　75〜98代

天安門事件後のサミット

　就任の翌日、中国で天安門事件が発生。国の民主化を求めて天安門広場に座り込んだ学生たちを、中国政府が武力で排除した事件である。それを受けて7月のサミットでは、フランスをはじめとする西欧諸国が中国を激しく批判したが、宇野は「中国を孤立化させるべきではない」と主張してそれらの国と距離を置いた。

　のちに総理退任後に宇野が中国を訪問した際、中国の江沢民主席からサミットでの対応を感謝されたという。

女性スキャンダルで窮地に

　しかし就任からわずか3日後、週刊誌に宇野の女性スキャンダルが掲載される。これは海外メディアにも取り上げられ、宇野のイメージは急降下。7月の参議院議員選挙では、リクルート事件での政治不信や4月に導入が決まった消費税への反発に加え、この宇野のスキャンダルが逆風となり、その結果自民党はわずか36議席のみの獲得にとどまるという歴史的大敗を味わった。参議院で自民党が過半数を割ったのはこれが初めてだった。

　責任を取る形で、宇野は辞任を表明。会見で発した「明鏡止水の心境（清らかですみきった心境）であります」というフレーズは宇野の代名詞になった。総理在任期間はわずか69日で、通算在職日数で歴代4番目に短命な内閣だった。

総理の趣味

多趣味で多才、文化人の顔を持つ

宇野は幼いころから勉強だけではなく絵も得意で、雑誌『少年倶楽部』に漫画を投稿して入選したこともある。犂子という俳号で俳句もたしなみ、ピアノ、ハーモニカ、剣術もかなりの腕前だったという。没後は生家が宇野宗佑記念館となり、宇野が視察や外遊先で収集した絵画や骨とう品が展示された。現在はレストランやカフェが併設された多目的施設となっている。

177

第76代 海部俊樹（かいふとしき）

在任 1989(平成元)年8月10日～
1990(平成2)年2月28日

イメージの良さが売りでかつがれた総理

扱いやすく、かつクリーン

　海部は昭和生まれ初の総理である。当時、リクルート事件や宇野の女性問題で国民の間では政治不信が高まっていた。新総理には橋本龍太郎が最有力視されていたが、クリーンで若々しいイメージを持つ海部に白羽の矢が立ち、橋本の総理就任は見送られた。党三役と呼ばれる自民党内での重要な役職の経験のない一議員が総理になるのは珍しい。

　しかし、閣僚にもリクルートと関係の薄い政治家が優先的に選ばれたことや、初の女性官房長官（総理を補佐する役職）として森山真弓が登用されたことなどから、海部内閣は世間からも評判の良いスタートを切った。

平成の総理大臣　75〜98代

海部を総理に仕立てたのは「その場しのぎの看板」という側面もある。党内の基盤が弱かった海部を強く推していたのは元総理の竹下登であり、先に述べた組閣も海部ではなく竹下派で幹事長の小沢一郎らがすべて人選していた。小沢は「かつぐ神輿は軽くていい」とまで言っていたとされる。海部は、クリーンなイメージで扱いやすいと見られていたのだ。

激動の世界が待ち受ける

1989（平成元）年10月の所信表明演説では「世界の平和と繁栄のために汗を流す志ある外交を展開してまいります」と述べた。当時、ソ連ではペレストロイカという改革運動が進行、一方で中国では天安門事件が発生するなど、激動の時代を迎えていた。この所信表明演説の翌月にはドイツでベルリンの壁が崩壊して、のちに西ドイツと東ドイツが統一され、12月には米ソの冷戦も終結した。

世界の大きな変化の波の中で国際社会から日本に求められるものは計り知れず、のちのち海部の身にも降りかかってくる。

国内においては、海部は1990（平成2）年2月の衆議院議員総選挙で自民党を大勝に導く。この選挙では、前年4月に消費税が導入されたことがどう響くか注目されていたが、自民党は過半数を大きく上回る議席を獲得する結果となった。これを受けて第2次海部内閣が発足した。

総理のネクタイ

水玉模様のネクタイがトレードマーク

海部は三木内閣で官房副長官を務めていた頃、マスコミ対応で追われていた際に連日水玉模様の同じネクタイをつけていた。それがテレビの視聴者にインパクトを残し、それ以来みずからのトレードマークとして意図的に着用した。水玉模様のネクタイだけでも600本以上所有しており、昭和天皇の大喪の礼での黒いネクタイまでもが、よく見ると黒の水玉模様という徹底ぶりであった。

179

第77代 海部俊樹（かいふとしき）

在任 1990(平成2)年2月28日～
1991(平成3)年11月5日

湾岸戦争の対応をめぐって非難される

日本が出すのは金だけか

　衆議院議員総選挙での大勝を経て総理を継続することになった海部は、国内では1990(平成2)年11月の即位の礼（天皇が皇位を継承したことを示す）も滞りなく仕切り、高い支持率を維持した。

　国外では1990年8月にイラクがクウェートを侵攻し、湾岸戦争が勃発した。海部や小沢一郎は、国連加盟国である日本も自衛隊を派遣すべきだと主張したが、世論や党内外から強い反発を受けたため、日本は戦力の代わりに累計130億ドルを拠出する。

　しかし、国際社会からは「西側諸国が戦力を差し出す中、日本は金ですまそうとした」と非難され、日本の国際貢献のあり方が問われた。イラクの侵略を免れたクウェートがアメリカの新聞などに

出した感謝広告には、クウェート解放に貢献した国々の名前が列記されたが、そこに"Japan"の文字はなかった。

そこで湾岸戦争の終わった1991年、日本は海上自衛隊をペルシャ湾に派遣し、機雷の除去・処理作業を行った。訓練目的以外での自衛隊の海外任務はこれが初のことである。総理就任時の所信表明演説で「汗を流す志ある外交」を明言したときには、海部は日本がここまで巻き込まれるとは予想していなかったのではないだろうか。

後ろ盾をなくして辞任

国際社会への対応に心を砕く中、国内では政治改革関連法案の成立に向けて動いていた。しかし、この法案は1991年9月に国会で廃案となってしまう。それを受けて海部は「重大な決意で臨む」と発言した。これが衆議院の解散を考えていると受け取られ、自民党内の解散に反対する議員たちは「海部おろし」の行動に出る。最終的には海部のバックにいた竹下派も解散不支持に回ったので、海部は自身の発言の責任を取る形で同年11月に総理を辞任した。

当初は竹下の傀儡（操り人形）政権ですぐに終わると思われていた海部内閣だったが、1期目と合わせると在職日数は818日と長く続いた。世論では辞任直前でさえ内閣支持率が50％を超えていたほどの好感度を保っていたが、力がものをいう政治の世界ではそれだけではやっていけないのかもしれない。

「29」にまつわる不思議な偶然

偶然なのか運命なのか、海部は「29」という数字に縁がある。第29回衆議院議員総選挙で29歳のときに初当選。当時「29年後に総理大臣になる」と冗談交じりに公言した海部だったが、その言葉通り29年後に本当に総理に就任した。また、総理就任直後、大相撲九月場所で29回目の優勝を果たした横綱・千代の富士に国民栄誉賞を授与。その日は9月29日であったという。

第78代 宮沢喜一
みやざわきいち

在任 1991（平成3）年11月5日～
　　　1993（平成5）年8月9日

自民党政権に幕を下ろした知性派総理

流ちょうに英語を操る勉強家

　宮沢は「戦後政治の生き字引き」「自民党きっての国際派」として知られ、いつか総理になると周囲から期待され続けていた。本人から役職を望んだこともなく、派閥闘争にも積極的でなかったため、総理に就任したときにはすでに72歳になっていた。独学にもかかわらず英語が堪能で、海外の要人との会談では通訳を付けずに対応。クリントン大統領との会談では南部訛りのあるクリントンよりも英語がうまいと米メディアに言われたほどだった。

PKO法案を成立させる

　宮沢はまず、海部内閣から課題として残っていたPKO協力法

（国際平和維持協力法）の成立に着手し、1992年6月に成立させた。その直後の参議院議員選挙は、日本がPKO（国連平和維持活動）へ参加することを認めるこの法案の是非が争点となったが、自民党は大きく議席を伸ばす。成立まで紆余曲折あったとはいえ、PKO協力法は国民の理解を得た形となった。

さっそく同年9月から自衛隊のカンボジア派遣が行われたが、派遣された日本人の警察官が殺害されたことで世間では撤退論が巻き起こる。しかし宮沢は自衛隊の引き揚げをせず、派遣を継続した。

派閥闘争で身を滅ぼす

1992年10月、東京佐川急便からの違法献金事件で、宮沢の後ろ盾となっていた竹下派の金丸信が議員辞職し、その後の対応をめぐって竹下派が分裂すると、宮沢の求心力も失われていく。

1993（平成5）年6月、竹下派から分かれた小沢一郎、羽田孜のグループが内閣不信任案に賛成票を投じて可決させたことで、宮沢は衆議院を解散させる。急きょ総選挙が行われたが、その結果、自民党は過半数を大きく下回り、ついに、40年近く続いた自由民主党を与党とする「55年体制」は終わりとなった。

国際派総理として期待された宮沢だったが、内閣は意外な形でピリオドを打ち、自民党政権そのものまで転覆してしまった。

孫はミュージカルやドラマで活躍する俳優

宮沢の孫は俳優の宮澤エマ。大学卒業後に歌や演技の道に進むべく芸能界入りしたが、初のテレビ出演はバラエティ番組の「孫タレント」としてだった。このとき竹下登の孫であるDAIGOと共演している。エマ本人は総理の孫扱いは嫌ではないというが、ミュージカルやドラマで高い評価を得て活躍の場を広げているので、もはやその肩書きは不要といってもいいほどだ。

第79代 細川護熙(ほそかわもりひろ)

在任 1993(平成5)年8月9日～
1994(平成6)年4月28日

非自民内閣で
新風を吹かせた
平成のお殿様

ついに55年体制が崩壊

　細川護熙は、江戸時代に54万石の肥後熊本藩主を務めた肥後細川家の18代目に当たり、メディアからは「平成のお殿様」などと呼ばれた。母方の祖父に、戦前三度総理大臣を務めた近衛文麿を持つ。朝日新聞記者を経て1971年に参議院議員として政界入りを果たしたのち、熊本県知事を8年務めた。その後、1992年に日本新党を結成して参議院議員として国政に戻った。

　1955年の結成以来、自民党は38年間政権を保持してきたが、自民党を離党して新生党を結成した小沢一郎の働きかけによって、8党派が連立して非自民の細川内閣が誕生する。これにより55年体制は崩壊した。政治不信で閉塞感に包まれていた世間からは「何

かが変わるのでは」という期待が寄せられ、高い支持率で細川内閣はスタートした。

連立与党の最大の使命は政治改革にあった。内閣成立後、細川はすぐに選挙制度改革に着手。金がかかるうえに政権交代が起こりにくい従来の中選挙区制から、小選挙区比例代表並立制に変えようとしたが、自民党の反対にあい、年内可決は持ち越された。そこで翌1994年1月に細川は自民党総裁の河野洋平とトップ会談を行うなどして合意にこぎつけ、ついに政治改革4法が成立。この政治改革は細川内閣の功績といわれる。

連立政権の難しさと金銭問題

一方、「8頭立ての馬車」ともいわれた連立与党は次第にほころびを見せ始める。8つもの党派の意見をひとつにまとめて政権を運営するのは、とても難しい。それは政治改革の過程でも表れていたが、1994年2月に細川が福祉目的のために消費税を3%から7%に引き上げる構想を突如発表したことで表面化した。連立与党内で十分に議論されていなかったため、この案は結局すぐに白紙撤回されたが、細川を支える小沢一郎と官房長官で「新党さきがけ」の武村正義の対立は決定的になった。

それに加えて、細川自身が佐川急便から1億円の融資を受けていたことを自民党から追及されていたことも重なり、細川は同年4月にあっさりと辞意を表明。10ヶ月の短命内閣だった。

総理の創作活動

陶芸や襖絵などで美術の才能を開花

細川は政界引退後に陶芸を始め、展示会などで売り切れが出るほどの人気作家になった。水墨画や書画にも活動の幅を広げ、2021年には京都の建仁寺に襖絵を奉納。「日本の文化と精神を伝えていきたい」と語る。こうした日本の伝統文化で才能を発揮するのには、幼いころから細川家代々の美術品のコレクションに触れてきたことも影響しているに違いない。

第80代 羽田孜（はたつとむ）

在任 1994(平成6)年4月28日～1994年6月30日

少数与党でスタートした短命内閣

就任前から大混乱

　1993(平成5)年に小沢一郎とともに新生党を立ち上げ、党首を務めていた羽田。総理に就任すると「平成の目安箱」として官邸にFAXを設置して国民からの意見を募ったり、公共料金の年内値上げの凍結などを実施。しかし、結果的には政策らしい政策を実行する間もなく、64日間で羽田内閣は幕を閉じた。通算の在職日数では、歴代で2番目に短い内閣となってしまった。

　その背景には激しい政党間の争いがある。4月25日、羽田は、細川内閣でも与党だった8党派と、自民党を離党した議員が結成した自由党などの指名を受けて総理就任が確定したのだが、いきなり与党内でいざこざが起きたのだ。

まず総理指名があったのと同じ4月25日、新生党、日本新党、民社党などが、衆院会派「改新」を結成し、与党内に大きなグループができあがった。これは、与党内で最も多い議席を持つ社会党の勢力に対抗するためであった。社会党は猛反発し、翌26日に連立政党からの離脱を発表、28日の正式な総理就任日を前に羽田内閣は少数与党内閣になってしまった。もともとバラバラになりかけていた連立与党が決定的に分裂したことで、総理就任時から、羽田内閣は短命な内閣になるだろうと予測する声も少なくなかった。

少数与党という弱み

自民党は6月、「少数与党内閣で民意を反映していない」などの理由で内閣不信任決議案を提出した。これが本会議で採決されると、自民党と社会党の賛成で可決されることが目に見えていた。羽田が取り得る対抗手段は、衆議院の解散である。改めて総選挙を行い勝利すれば、少数与党も解消されるかもしれない。

しかし、それには問題があった。羽田が副総理を務めた細川内閣の政治改革で、小選挙区制の導入が決まっていた。しかし、その区割りが決まっていない。今選挙を行うことになれば、改革前の制度でやらざるを得ない。このことは、政治生命を賭けて改革を実行してきた羽田には、耐えられないことだったであろう。結局、羽田は衆議院を解散せず、本会議開会の目前に内閣総辞職を通知した。政党間の争いに始まり政党間の争いに終わる内閣だった。

「省エネルック」の再来

日本の暑い夏に適したビジネススタイル「クールビズ」の先駆けとして、かつて大平内閣が「省エネルック」を提唱した。当時大平はこれを積極的にアピールしたが世間に浸透しなかった。そんな過去もあったが、羽田はこの省エネルックを行事の場などで積極的に着用して推進しようとしていた。しかし、大平のときと同様に、やはり半袖の背広は、ほとんど普及しなかった。

第81代 村山富市(むらやまとみいち)

在任 1994(平成6)年6月30日〜
1996(平成8)年1月11日

村山談話で過去の戦争を公式に謝罪

本人も驚きの総理就任

村山は、総理になるまで閣僚経験もなければ総理官邸に足を運んだことすらなかったという。就任直後の会見で「なんでこんなところに座ることになったんじゃろうかの」と漏らすほど、総理の座はまったく予期しないことだった。その背景には、細川内閣以降、野党になってしまった自民党が、宿敵の社会党と連立してでも(新党さきがけとも連立)、政権奪回するという策略があった。そのために、社会党の委員長である村山をかついだのだ。当初は総理就任を拒んだ村山だったが、自民党の熱烈な説得で首を縦に振ったという。社会党からの首相就任は片山哲以来47年ぶりだった。

村山は、周囲の不安を横目に小選挙区の区割り法案、消費税を

5%に引き上げる法案などを次々成立させた。また、バブル崩壊で破たんした住宅金融専門会社(住専)を建て直すために、国が6850億円を支出することを決めるなど、歴代内閣が踏み切れなかった難しい問題も軽やかに片づけた。

相次ぐ災い、そして村山談話

しかし1995(平成7)年に入ると、阪神・淡路大震災(1月)、平成最大の国内のテロ事件ともいえる地下鉄サリン事件(3月)が発生した。それらにスピーディーに対応できなかったことで批判の声があがり、村山のリーダーシップが問われた。かねてから村山は「人にやさしい政治」をスローガンにしていたが、相次ぐ災いに見舞われた世間はやさしさよりも強い政治を求めた。国民の不満の矛先は村山に向いたが、そもそもの日本の危機管理体制自体に不備があったことは否定できない。

一方、連立政権を作る条件として、村山は戦後50年の節目に過去の戦争の歴史認識問題にけじめをつける旨を盛り込んでいた。1995年6月の衆議院本会議で「歴史を教訓に平和への決意を新たにする決議」が採択される。さらに、同年8月の戦後50周年記念式典では、日本が過去にアジア諸国に行った侵略や植民地支配を公式に謝罪する「戦後50周年の終戦記念日にあたって」と題した談話を発表した。これにはさまざまな意見もあるが、「村山談話」と呼ばれ、現在でも日本政府の公式見解として扱われている。

国民的人気映画に本人役で出演を果たす

国民的人気映画シリーズ『男はつらいよ』の第48作目『男はつらいよ 寅次郎紅の花』(1995年12月公開)には、村山が本人役で登場する。主人公の"寅さん"の親族たちがお茶の間で何気なく阪神淡路大震災のニュース番組を見ていると、現地でボランティアを行う寅さんと"村山総理"が一緒に映ってびっくり仰天。そこでは寅さんは村山のことを「村ちゃん」と呼んでいた。

第82代 橋本龍太郎
はしもとりゅうたろう

在任 1996(平成8)年1月11日〜
1996(平成8)年11月7日

王道派閥を
渡り歩いた
政策通

村山の負の遺産を引き継ぐ

　1996(平成8)年1月に突然退陣を表明した村山の後釜には、前年自民党総裁に就いた橋本が収まった。佐藤派、田中派、竹下派、と最大派閥に属し王道を歩いてきた橋本は、総理になるべくしてなったといえるだろう。「タフ・ネゴシエイター(手ごわい交渉相手)」とあだ名がつくほど外交に強く、党内きっての政策通でもあった。また、ダンディなルックスから「政界の杉良太郎(二枚目俳優)」と呼ばれ、一般の人気も高かった。

　一方で、「怒る、威張る、すねるがなければとっくに総理になっていた」と評されてもいたことから、見識はあるが人望は足りなかったのかもしれない。

就任時の内閣支持率は60％前後と好調な出だしだったが、わずか2ヶ月で40％前後まで急落する。その要因は2つ考えられる。ひとつは、村山内閣が6850億円の支出を決めた住専問題について、橋本が国会でこの予算を成立させなければならなかったことだ。住専問題は言いかえれば、民間企業を国民の税金で救済するということである。巨額な税金投入は無責任な失策だと批判され、新進党は座り込み運動をしてまで妨害しようとした。

もうひとつは、1995年9月に沖縄で起きた米兵による少女暴行事件への政府の対応だ。日米間の取り決めにより実行犯3人の身柄が日本に引き渡されなかったことで、国民の米軍基地への不信感が一気に高まり、米軍基地の削減が叫ばれるようになった。

普天間飛行場の返還

しかし、橋本はそれら2つの村山内閣の負の遺産に決着をつける。住専問題を処理する1996年度予算は5月に成立。そして米軍基地削減の焦点になっていた普天間飛行場の返還を、アメリカのクリントン大統領との首脳会談で要求し、同年4月に日米両政府が全面返還に合意した。

橋本は同年9月に衆議院を解散し、小選挙区比例代表並立制での初の衆議院議員総選挙が行われた。そこで自民党は過半数にこそ達しなかったが、前回よりも多い239議席を獲得、「橋龍人気」と呼ばれるほどの国民人気を見せつけた。

文化系も体育会系もお手のもの

橋本の趣味は幅広い。文化系の趣味でいうと、プラモデルの飛行機を作ることがストレス解消法で、写真の腕前はプロレベル、読書も好きで人一倍本を大切にしていた。体育会系の趣味では、剣道は6段の持ち主で、登山ではエベレスト登山隊の総指揮を執ったこともある。橋本の没後、ネパール政府によってエベレストを見上げることのできる場所に記念碑が建てられた。

第83代 橋本龍太郎(はしもとりゅうたろう)

在任 1996(平成8)年11月7日〜
1998(平成10)年7月30日

平成不況の引き金となった緊縮財政(きんしゅくざいせい)

自民党単独政権(せいけん)

　社民党(日本社会党が1996年2月に社会民主党に党名変更)と新党さきがけが内閣に入らず協力する体制になったことで、第2次橋本内閣はおよそ3年ぶりの自民党単独政権となった。橋本は最重要課題として「行政改革(ぎょうせいかいかく)」「財政構造改革(ざいせい)」「経済構造改革(けいざい)」「金融システム改革(きんゆう)」「社会保障構造改革(ほしょう)」「教育改革」の六大改革に着手する。特に行政改革に関しては、「火だるまになってもやりきる」と述べており、総理府に行政改革会議を設置した。また、六大改革のひとつ、金融システム改革は「日本版ビッグ・バン」ともいわれ、これは1997年の新語・流行語大賞のトップテンに選ばれた。

　当時の日本は財政再建の必要性が叫ばれていた。六大改革のひ

平成の総理大臣　75〜98代

とつ、財政構造改革は、国の赤字を抑えて財政再建を図ることを目的としていた。そこで橋本は赤字国債発行の削減など国の支出を減らす緊縮型の予算を組んだり、1997年4月から消費税を5％に引き上げて国の収入を増やしたりするなど、財政再建に有効な政策を実施した。

しかし、これらの政策によって景気減速は著しくなり、北海道拓殖銀行や山一証券などが破たん。深刻な就職氷河期やデフレを招き、平成不況の引き金を引いてしまった。このことを橋本は悔やみ、「財政再建のタイミングを早まって経済低迷をもたらした」と自責の念を感じていたという。

平成不況を招いて選挙で惨敗

1997年9月にスタートした橋本改造内閣では、総務庁長官にロッキード事件で有罪となった佐藤孝行を起用したことで非難を浴び、支持率も急落（佐藤はすぐに辞任）、橋本の任命責任を問う声が上がるようになる。

景気低迷、失業率の悪化など明るいニュースが聞こえてこない中行われた1998年7月の参議院議員選挙では、自民党は44議席と惨敗。「70議席は確保するのでは」とも予測されていたが、世間は橋本の政策の数々にノーを突き付けたという形になった。橋本は、「すべてひっくるめて私の責任だ。力不足。それ以上言うことはない」と述べ、内閣は総辞職した。

総理のプリクラ

話題沸騰？　「龍ちゃんプリクラ」

1997年12月、橋本と写真が撮れる「プリント倶楽部」（通称プリクラ）が自民党本部ロビーに設置された。「プリクラ」とは1995年に登場した写真シール機。特に当時は女子中高生を中心に流行し、時代を象徴するアイテムとなった。橋本は、そんな流行りのプリクラとコラボレーションしたのだが、ほとんど話題にならなかった。政界の杉良太郎も、女子高生には刺さらなかったのかもしれない。

193

第84代 小渕恵三（おぶちけいぞう）

在任　1998（平成10）年7月30日〜
　　　2000（平成12）年4月5日

在職中に
病に倒れた
「平成おじさん」

平成おじさん、総理に就任

　橋本の辞任に伴い行われた自民党総裁選で、小渕は小泉純一郎と梶山静六と競い勝利、総理に就任した。田中角栄の娘で毒舌で知られる真紀子からそれぞれ、「凡人（小渕）、軍人（梶山）、変人（小泉）」と評されたのは有名だ。たしかに小渕は就任して間もなくアメリカの新聞に「冷めたピザほどの魅力しかない」と書かれたほど地味な人柄で知られていた。

　ただ、国民の間では「平成おじさん」としての認知度があった。小渕が官房長官時代、新天皇の即位で元号が新しくなるときに「新しい元号は"平成"であります」と発表して国民的な注目を集めたからだ。このときから小渕は「平成おじさん」と言われるようになる。

平成の総理大臣　75〜98代

しかし、橋本と同じ派閥の小渕が総理になったことは、橋本の失敗に対する反省に欠けると批判の的にもなり、小渕内閣は低支持率で幕を開けた。小渕は、まず何よりも経済の再生を最優先課題に掲げ、元総理の宮沢喜一を大蔵大臣に、評論家の堺屋太一を経済企画庁長官に起用した。とにかく資金を投入して経済対策を急ごうという姿勢で、84兆円という巨額の国債を発行するなど、数々の施策を実行。それらが功を成し、経済は軌道に乗った。このころには、もう誰も小渕を凡人とは呼ばなくなっていた。

自自公連立政権を発足

小渕は、政権基盤の安定のために小沢一郎が党首の自由党に接近。協議の結果1999年1月に連立政権が発足した。さらに10月には公明党とも連立し、自自公連立政権となっている。

連立したことで安定多数となった小渕内閣は、情報公開法や国旗・国歌法、マイナンバーの前身ともいえる住民基本台帳法改正など重要法案を成立させた。

また、小渕はかねてから沖縄に関心を寄せていたこともあり、九州・沖縄サミットを閣議決定し、2000年7月の実施に向けて動き出していた。しかしその矢先の同年4月2日に脳梗塞を発症し、緊急入院。昏睡状態に陥り小渕内閣の総辞職が決定。そして5月14日に息を引き取った。総理の在職中の病気による退任は、大平正芳以来20年ぶりのことである。

新語・流行語大賞に選ばれた「ブッチホン」

小渕はしばしば秘書を介さず著名人に突然電話をかけ「ブッチホン」と呼ばれて1999年の新語・流行語大賞にもなった。作家の瀬戸内寂聴やミュージシャンの小室哲哉、タレントの山瀬まみなどがブッチホンを受けた相手として知られている。あまりにも唐突で皆驚いたそうだ。携帯電話が普及した時代にふさわしいパフォーマンスだった。

第85代 森喜朗 (もりよしろう)

在任 2000(平成12)年4月5日～2000年7月4日

密室談合と相次ぐ失言で批判殺到

不透明な密室劇

　小渕恵三が脳梗塞で突然倒れて辞任が決まった2000(平成12)年4月5日、小渕の後継として森が総理に就任した。自民党の総裁は原則として、国会議員と党員の投票による選挙で決まることになっている。しかし森は有力議員五人による話し合いで決まり、密室談合人事だと批判された。森内閣は、自民党のほかに公明党と保守党(自由党から分かれて結成)による連立政権で、第2次小渕内閣のメンバーをそのまま引き継いだ内閣となった。

　森はほとんど準備をしない状態で総理になってしまったので、政策も小渕政権の目標を継続させた。小渕から引き継いだ政治課題を達成したら総理を辞めてもよいと語っていたという。

平成の総理大臣　75〜98代

就任直後から失言を連発

　密室談合の疑惑が残る森政権に、当初から世論は批判的な目を向けていたが、さらに森が失言を連発するたびに失望するようになる。森は就任翌月の5月に「日本は天皇中心の神の国」と発言し、6月には「（選挙投票日は）無党派層は寝ていてくれればいい」と語ったりした。森はサービス精神が旺盛で話を盛り上げようとする人物らしい。その場のムードではユーモアになる発言だったのかもしれないが、総理の発言として活字になれば、さすがに許されるものではなかった。また、インターネットが爆発的に普及しだした当時、森政権でもＩＴ産業を盛り上げる政策が練られていたが、森はＩＴを「イット」と誤読したという。これらの失言はマスコミの格好の餌食となり、総理の資質に欠けるという声まで上がるようになる。

わずか2ヶ月で解散

　あまりに頼りない森の政権運営に対し、就任からわずか約2ヶ月後の2000（平成12）年6月2日に野党から内閣不信任決議案が提出される。これに対し森は不信任案の投票前に衆議院を解散した。直後の衆議院議員総選挙では自民党は苦戦を強いられ、単独では過半数を割る結果となった。

過酷なラグビー特訓で吐血

高校からラグビーを始め、早稲田大学でもラグビー部に入部した森。しかし全国から強豪選手が集まる中での練習は精神的にも肉体的にも過酷で、胃カタルを起こして吐血。入部4ヶ月で退部してしまう。大学退学まで考えるほどの挫折感を味わったが、その後もラグビーへの思いは強く、ラグビーワールドカップ日本招致委員会会長として2019年大会の日本開催を成功させた。

第86代 森喜朗 (もりよしろう)

在任 2000(平成12)年7月4日〜
2001(平成13)年4月26日

不祥事続きで不人気に拍車がかかる

党内で倒閣運動が発生

　2000(平成12)年の衆議院議員総選挙の結果、自民党単独では過半数を割りこんだものの、自公保連立政権として過半数を超えたことで、森の総理続投が決まった。前内閣は緊急の組閣だったので閣僚はそのままだったが、今回は森が総理として大臣などを選んだ。組閣直後の7月21〜23日には九州・沖縄サミットが開催され、ロシアのプーチン大統領らが初来日し森との親交を深めた。

　しかし、森の相次ぐ失言や中川秀直官房長官のスキャンダルで内閣の支持率は急落。同年11月20日に野党が森内閣の不信任決議案を提出することがわかると、自民党の次期総理候補の加藤紘一や山崎拓がそれに賛成する動きをみせた。加藤派と山崎派のメ

ンバーの動向いかんで内閣不信任案が可決される可能性が出てきた。これは「加藤の乱」と呼ばれ、森内閣に失望する世間からは倒閣運動として期待を寄せる声も多かった。結局、野中広務自民党幹事長らの切り崩しで加藤派・山崎派は一致した行動がとれず、加藤の乱は失敗に終わり、内閣不信任案は否決された。内部で混乱を極める自民党から世間の関心は離れていくばかりであった。

えひめ丸事故の対応で支持率が1桁に

2001年2月10日、えひめ丸事故が起きる。これは水産高校の練習船がアメリカの原子力潜水艦とハワイ沖で衝突して沈没し、日本人9人が死亡するといういたましい事故だった。しかし森は最初にその連絡を受けたときゴルフ場におり、第3報が入るまでの約90分間プレーを続けていた。それが危機管理意識に欠けると問題になった。森がゴルフをプレーする映像が事故のあとたびたびテレビで放送され、森への批判は日に日に高まった。

それまでも森の支持率は決して高いとはいえないものだったが、えひめ丸事故をきっかけにさらに急降下する。一部の調査では支持率がわずか9％まで落ちたと報じられた。森では参議院議員選挙は戦えないことは火を見るよりも明らかとなり、4月6日に森は総理辞任を表明。その後総理に就いた小泉純一郎の内閣発足時の支持率が80％を超えたのは、森内閣の不人気ぶりへの反動だったともいわれている。

失言をねつ造される

森の有名な失言として知られているのが「Who are you?」。2000（平成12）年5月に森がアメリカ大統領のクリントンと会談を行った際に、「How are you?」を間違えて「Who are you?」と言ったと週刊誌などで報じられたのだ。しかしこれは記者の作ったジョークだったことがのちに判明。九州・沖縄サミットで森の失言がゼロだったことに「失望」したマスコミが嘘を広めたともいわれている。

第87代 小泉純一郎

在任 2001(平成13)年4月26日～
2003(平成15)年11月19日

自民党をぶっ壊す！
小泉旋風が
日本を席捲

聖域なき構造改革

　森前総理の退陣を受けて自民党総裁選に出馬した小泉は、政治家らしからぬ風貌や言動でかねてから「変人」とよばれていた人物である。

　「自民党をぶっ壊す！」など威勢のいい言葉で大衆の心をつかみ、小泉旋風とよばれる現象を巻き起こした小泉は、圧倒的な支持を得て自民党総裁に選出されたのち、2001(平成13)年4月に内閣総理大臣に就任。発足時の内閣支持率は戦後最高を記録した。

　7月に行われた参議院議員選挙では自民党が大勝、世間での小泉人気を裏付けた。自分の言葉で力強く語りかける小泉の姿勢は、多くの国民の心を動かした。

平成の総理大臣　75〜98代

　総理就任後にまず着手したのが、日本経済の立て直しとして「官から民へ」「中央から地方へ」のふたつを柱とした「聖域なき構造改革」だ。「官から民へ」は、政府による公共サービスや各種公団など特殊法人を民営化する（民間企業にする）ことで経済回復を図った。小泉が特に力を入れた郵政（郵便局などの事業）民営化もこの一環である。「中央から地方へ」は、行財政システムを改革し、地方の自立をめざした。自民党の改革反対派議員や官公庁からは批判を受けたが、小泉は自身の政策に異を唱える議員たちをまとめて「抵抗勢力」と呼び、わが道を突き進んでいった。

訪朝と拉致被害者の帰国

　国内でさまざまな改革を推し進めた小泉だが、外交に目を向けると、2002（平成14）年9月に日本の総理大臣として初めて朝鮮民主主義人民共和国（北朝鮮）を訪問し、日朝首脳会談を行った功績が特筆すべきことだろう。この会談では、1970年代以降問題になっていた北朝鮮による日本人拉致についても話が及び、北朝鮮は日本人を拉致した事実を正式に認めて謝罪をした。

　そして同年10月15日、北朝鮮から拉致被害者5人が帰国するという歴史的な快挙を成しとげたのだ。北朝鮮拉致問題は今なお完全な解決のめどがたっていない根深い問題だが、小泉の訪朝と5人の帰国は、議論を進める大きな一歩となったことに違いはなく、小泉の外交手腕が発揮された一幕といえるだろう。

総理の言葉

痛みに耐えて、よく頑張った。感動した！

小泉純一郎の言葉は、短く力強いのが特徴だ。それがよく現れたのが「痛みに耐えて、よく頑張った。感動した！」という言葉。2001年の大相撲夏場所の優勝決定戦、横綱・貴乃花は右足の負傷で出場すら危ぶまれていたが、鬼気迫る形相で武蔵丸との熱戦を制し優勝した。土俵上で内閣総理大臣杯を手渡す際、小泉はこの言葉を貴乃花にかけて、満場から拍手と大歓声を浴びた。

201

第88代 小泉純一郎(こいずみじゅんいちろう)

在任 2003(平成15)年11月19日〜
2005(平成17)年9月21日

郵政民営化!
嵐のような
小泉劇場開幕

派遣法改正と格差社会

　2003(平成15)年11月の衆議院議員総選挙で自民党は勝利をおさめ、小泉は引き続き総理に就任した。前内閣でも構造改革をけん引していた竹中平蔵を内閣府特命担当大臣(金融経済財政政策)に起用し、日本の景気立て直しに向けて聖域なき構造改革も継続された。

　2004(平成16)年に改正された労働者派遣法は、派遣期間を従来の1年から3年に延長することや、製造業への派遣労働の解禁などが含まれていた。これは、のちに国民の間に経済的な格差を生じさせた要因ともいわれている。「働き方の多様化」というと聞こえはいいが、正社員に比べて雇用の不安定な派遣労働者が増える結

果となったとされている。事実、小泉政権において全就労者に占める非正規雇用の割合は27.5%から41.5%へと急増したというデータもある。2003年4月に構造改革の下で改正された産業再生法が大企業のリストラを後押しする内容であったため、派遣労働がその受け皿になったともいわれる。

郵政解散へ

小泉は2005年、国会での郵政民営化法案の成立をめざし、不成立の場合は衆議院を解散させると宣言した。それほどまでに小泉にとって郵政民営化は悲願だったのだ。しかし、郵政民営化については自民党内からの反対の声も根強く、8月に参議院本会議で否決となると、小泉は本当に衆議院を解散させ(「郵政解散」)、総選挙に踏み切った。総選挙で小泉は、この法案に反対した自民党議員を自民党の候補として公認せず、郵政民営化に賛成する有名人などを独自に公認候補として擁立した。小泉の繰り広げたドラマティックな選挙戦について、マスコミは「小泉劇場」と名付けたり、郵政民営化賛成候補を「刺客」と呼んだりするなど、センセーショナルに報道した。

こうして世間を騒がせながら小泉が展開した「劇場型政治」は、政治に関心のない層をも巻き込み、総選挙では高い投票率を記録した。そして、自民党の圧勝という結果をもって、小泉の総理続投は確実なものとなったのである。

引退後、原発推進派から脱原発派へ

小泉は総理在任時と異なり、現在は「脱原発」を提唱している。みずから語るところによると、「総理時代は『原発は安全』『コストはほかの電源に比べて一番安い』という専門家の意見を鵜呑みにしていた」という。しかし2011年の東日本大震災での福島第一原発事故後に独自に調べたところ、あらためるべきだと考え直し、原発ゼロ運動を展開するようになった。

第89代 小泉純一郎(こいずみじゅんいちろう)

在任 2005(平成17)年9月21日〜
2006(平成18)年9月26日

高い支持率を
保ち続けたまま
勇退(ゆうたい)を決断する

ついに郵政民営化(ゆうせい)が実現

　郵政選挙と呼ばれた2005(平成17)年9月の衆議院議員総選挙で自民党は歴史的な大勝を果たし、小泉の総理続投も決まった。特別国会で郵政民営化関連法案が再提出されると、かつて反対していた議員の多くが民意を受けて賛成にまわり、衆参両院での賛成多数によって小泉悲願の郵政民営化が実現した。

　小泉は2006(平成18)年9月の自民党総裁(そうさい)任期の満了をもって総理を退(しりぞ)く意志を固めていたため、第3次小泉改造内閣では麻生(あそう)太郎や安倍晋三(あべしんぞう)といった「ポスト小泉」の顔ぶれが注目を集めた。この改造内閣の支持率も継続(けいぞく)して高く、小泉の人気は衰(おとろ)えることを知らない無敵の状態が続いた。

平成の総理大臣　75〜98代

派閥の力でのし上がったそれまでの総理とは異なり、小泉は「人気」という世間の空気を利用して総理を続けた、新しいタイプの政治家だったといえるだろう。

逆風の中でも人気を維持

2005年11月以降は、地震などに対する安全性を示す書類を偽造し、耐震基準をみたさないマンションやホテルが建設されていた耐震偽装問題や、有価証券報告書に虚偽の内容を記載したことでホリエモンこと堀江貴文が逮捕されたライブドア事件など、政権の逆風となりかねない社会的な事件が相次いだ。これらによって小泉の求心力も下がるのではと予想されたが、大きな変化はなかった。

あっさりと政界引退

自民党総裁の任期が切れる2006年9月時点でも世論調査の支持率は高かったが、かねてから決めていた通り小泉は総理を辞任。後任には自身の政権で自民党幹事長や内閣官房長官などの重要な役職を任せた安倍晋三を抜擢し、総理の座を降りることとなった。その後も小泉再登板待望論が浮上したが、本人は総裁選への出馬を完全否定し、2008年9月には政界引退の意向を明らかにした。病気などの理由なしに、総理経験者が退任直後の衆議院総選挙に立候補せずに政界を引退するのは、戦後初のことだった。

人気ロックバンドの大ファン

小泉は歌舞伎やオペラなどの観劇や映画鑑賞を好み、劇場に足を運ぶ姿がたびたび目撃されていた。ポピュラー音楽にも造詣が深く、人気ロックバンド・X JAPANの大ファンと公言していた。2001年には、同バンドの「Forever Love」をBGMに小泉がメッセージを発する自民党のテレビCMが話題になった。そこに映る小泉の姿は勇敢で格好よく、まさに劇場の主人公であった。

第90代 安倍晋三(あべしんぞう)

在任 2006(平成18)年9月26日～
2007(平成19)年9月26日

「美しい国」をスローガンに憲法改正をめざす

戦後生まれ初の内閣総理大臣

　安倍は、小泉純一郎のあとを受け52歳で総理となった。戦後では最年少、かつ戦後生まれで初の内閣総理大臣である。祖父に第56・57代内閣総理大臣の岸信介を持つ安倍は、まさに政界のサラブレッドであった。

　安倍は、第2次森内閣、第1次小泉内閣で内閣官房副長官を務めている。2002年に小泉の北朝鮮訪問に随行し、日本人拉致問題では毅然とした対応をとって、国民の人気を得た。その後、第3次小泉改造内閣で内閣官房長官として入閣したときから若手のホープ(将来の総理候補)として期待されていた。ただ、総理になるまでに官房長官以外の大臣ポストの経験はなく、異例の大抜擢であっ

た。これにはやはり、政界のサラブレッドであることが影響したのかもしれない。

安倍内閣は、憲法改正を前提とした「美しい国」を提唱した。この「美しい国」は、安倍の基本理念を示す言葉としてたびたび登場するようになる。第1次安倍内閣のおもな政策の方針は、「美しい国づくり」を土台にしながら小泉構造改革を継承するものだった。2007年1月には防衛庁の省への昇格を実現させた。

所信表明直後の突然の辞任

2007年の5月以降は、閣僚による失言や「政治とカネ」をめぐる不祥事が相次ぎ、内閣支持率は急降下する。同年7月の参議院議員選挙は自民党の大敗という結果に終わる。安倍は内閣の顔ぶれを一新し、勢いを取り戻そうとした。

しかし、改造内閣が発足すると、またしても政治とカネの問題が浮上。わずか8日で遠藤武彦農林水産大臣が辞職という事態に見舞われた。その後も閣僚の不祥事は絶えず、内閣は混乱を極めた。

9月10日の所信表明演説で「職責を果たし全力を尽くす」と語った安倍だったが、その2日後に急きょ辞任を表明し、世間を驚かせた。国内外のメディアからは「政権を放り出した」と批判された。当時安倍は持病の胃腸の悪化を訴えており、翌13日に入院した結果、かなりの衰弱状態であることが判明する。のちに安倍は、この持病の悪化も辞任の理由だったと話している。

祖父も大叔父も総理経験者

母方の祖父が第56・57代内閣総理大臣の岸信介、大叔父も第61・62・63代内閣総理大臣の佐藤栄作という政治一族の安倍。就任当初から憲法改正に意欲的だった背景には、「自主憲法制定国民会議」を立ち上げた祖父・岸の影響があるといわれる。また、安倍は2020年に総理の連続在職日数を更新したが、それまでの記録保持者は大叔父の佐藤であった。

第91代 福田康夫(ふくだやすお)

在任 2007(平成19)年9月26日～
2008(平成20)年9月24日

背水の陣内閣は
ねじれ国会に
振り回される

ねじれ国会に心を砕く

　安倍晋三の突然の辞任により、自民党総裁選で総裁に選ばれたのが福田だった。

　当時国会は参議院で野党が過半数を占める「ねじれ国会」状態。内閣総理大臣指名選挙においても、参議院では民主党(1996年に結成)の小沢一郎が指名された。しかし、衆議院と参議院が一致しない場合、衆議院の優越(より大きな力を持つこと)が憲法で定められていることから、最終的には福田が総理になった。福田内閣は即戦力を重視して閣僚の多くを安倍内閣からの再任としたので、「安倍お下がり内閣」などと辛口で評価されたが、記者会見で福田みずから「背水の陣内閣」と命名した。

前政権から続く課題は山積みだったが、福田を最も悩ませたのは、ねじれ国会だった。衆議院で可決した与党の法案が参議院で否決されることが相次いだのだ。参議院で否決された法案は衆議院で再可決して成立させることができるものの、実際にそれを行うと「数の暴力」と批判される。

そこで11月、福田は小沢と党首会談を行い、自民党と民主党の大連立構想について話し合いがもたれた。小沢は合意したが、ほかの民主党議員の大反対にあい、大連立構想は失敗した。その後も参議院での法案の否決が続き、2008年1月、ついに福田は参議院で否決された法案を衆議院で再可決して成立させる。

「あなたと違うんです」

2008年8月、福田は内閣改造を行い、「改革を新しい内閣の下でしっかりと実行していく」と決意を新たにした。

しかし、その1ヶ月後、福田は突如、内閣総辞職を表明する。辞任会見で記者から、「退陣会見がひとごとのように聞こえる」と指摘されると、普段は冷静沈着な福田が珍しく怒った様子で「私は自分自身を客観的に見ることはできるんです。あなたと違うんです」と語気を荒げた。この「あなたと(は)違うんです」という言葉は話題となり、2008年度の流行語大賞で新語・流行語トップテン入りを果たした。

父・赳夫も元総理。将来は息子も？

第67代内閣総理大臣の福田赳夫は、福田の父親にあたる。親子で総理になったのは歴代でも、このときが初。ふたりとも総理に就任した時に71歳だった。また、福田の息子の達夫は、父が総理になった際に総理秘書官を務め、2012年に父が政界を引退したあと衆議院議員総選挙で初当選した。将来を期待されており、親子三代総理の可能性もあるだろう。

第92代 麻生太郎（あそうたろう）

在任 2008（平成20）年9月24日～
2009（平成21）年9月16日

歴史的な政権交代を招いた御曹司（おんぞうし）総理

"オタク"支持と御曹司の甘（あま）さ

　リーマン・ブラザーズ（アメリカ第4位の投資銀行）の破たんによるリーマン・ショックが引き起こされ、金融恐慌（きんゆうきょうこう）が日本を襲（おそ）った2008（平成20）年。世間が自民党に不信感を募（つの）らせている中で、第45・48～51代総理大臣の吉田茂（よしだしげる）を祖父に持つ麻生が満を持して総理に就任（しゅうにん）した。

　麻生は漫画（まんが）が好きなこともあり"オタク"の若者（わかもの）からも一目置かれる存在（そんざい）だったが、麻生財閥（ざいばつ）出身の御曹司で、カップめんの値段が見当もつかないなど、庶民的な金銭（きんせん）感覚を持たなかった。また、「未曾有（みぞう）」を「みぞうゆう」、「踏襲（とうしゅう）」を「ふしゅう」と読むなどの漢字の読み間違（まちが）いの多さや失言などから、みるみる

平成の総理大臣　75〜98代

人気を失っていった。

経済対策と外交に力を注ぐ

　就任会見では「日本を明るく強い国にする」と発表し、リーマン・ショックによる世界同時不況への対応に意欲を見せ、定額給付金の支給や住宅ローン減税など、合計75兆円にもなる景気対策を実施した。定額給付金は、ひとり12,000円を支給し、18歳以下の子どもと65歳以上の高齢者にはさらに8,000円を支給した。これについては、ほとんどが貯蓄に回り景気対策にならなかったという声も多いが、「即効性がある最も有効な措置」と評価する声もある。

　麻生の政策は目立った失敗はなく、その実績は過小評価されている、という意見がある。外交に関しては日韓の親善につとめ、中国とも切磋琢磨して協力していく姿勢を表明、また、ODA（政府開発援助）も積極的に行った。しかしこうした功績はバッシングの波にかき消されてしまった。

惨敗を喫し、自民党は野党に

　閣僚の失言や失態による辞任も相次ぎ、政権は日を追うごとに不安定になった。内閣支持率が20％前後まで落ちる中迎えた2009（平成21）年8月の衆議院議員総選挙では、わずか119議席という自民党結党以来の最低議席を記録。それによって自民党は15年ぶりに野党に転落し、政権交代を迎えることになった。

総理の特技

歴代総理大臣で唯一のオリンピック出場

麻生は20歳のとき父親とキジ狩りに行った際、猟師に「天才かもしれない」とおだてられたことから、大学時代にクレー射撃を始めた。腕前はなかなかのもので、1974年の国際射撃大会では優勝して、その2年後モントリオールオリンピックに日本代表選手として出場した（結果は41位）。世界の舞台で培った度胸は、政治活動にも役立ったのではないだろうか。

211

第93代 鳩山由紀夫(はとやまゆきお)

在任 2009(平成21)年9月16日～
2010(平成22)年6月8日

米軍施設の移設「最低でも県外」は実現せず

政権交代で脱官僚を目指す

　鳩山は、第52～54代総理大臣の鳩山一郎の孫にあたる。前の総理の麻生は吉田茂の孫。鳩山と麻生は、くしくも祖父同志もライバルという関係にあった。2009(平成21)年8月の衆議院議員総選挙で鳩山の民主党が麻生の自民党に圧勝し、単独政権としては史上最多の308議席を獲得して政権交代を果たした。

　鳩山内閣は高い支持率でスタートを切った。民主党はマニフェストと呼ばれる政権公約を掲げて、選挙に勝利していた。このマニフェストの5原則の第1として「官僚丸投げの政治から、政権党が責任を持つ政治家主導の政治へ」(脱官僚・政治主導)とある。鳩山内閣はその方針の下、官僚主導の象徴でもあった事務次官等会議

を廃止し、官僚による国会答弁の作成も禁止した。また、予算編成の透明性を高めて国民にわかりやすくするために、11月に「事業仕分け」とよばれる国家予算の見直しを実施した。

米軍基地移設問題で大混乱

当初の高支持率は鳩山自身の金銭問題などもあり、右肩下がりになっていったが、いよいよ鳩山が国民の信頼を失ったのが沖縄県の普天間米軍基地移設問題である。

普天間基地は、1996年に橋本内閣の下で普天間飛行場の返還と代替施設の建設が合意されていたが、まだ実現していなかった。かねてから民主党は早期返還、県外移設を主張しており、選挙直前の2009年7月に「最低でも県外」と宣言していた。しかし、その調整は困難を極めた。結局、県内移設の方向で決着を図ろうとしたが、沖縄県民の反発を招いた。日米首脳会談で鳩山はオバマ大統領に、問題解決を約束して「トラスト・ミー（私を信じて）」と言っていたが、具体的な展開がなかったため日米関係も悪化した。

混乱のまま2010年に入り鳩山は、「5月末までには決着、職を賭す」と宣言したが、「最低でも県外」という公約は守られず、約束の5月末に移転先は沖縄県名護市辺野古に決定した。

そして6月2日、鳩山はこれらの混乱の責任を取るとして辞任を発表。5月末の世論調査での内閣支持率は19％にまで下落しており、国民に見放される形で鳩山は政権を去った。

元タカラジェンヌ、型破りな言動が話題に

学生だった鳩山がサンフランシスコに留学時代に出会ったのが夫人の幸。元・宝塚歌劇団星組の娘役で、独特のファッションセンスと華やかな容姿が印象的な女性だ。「UFOに乗って金星に行った」など、ユニークな言動で話題になることも多い。「ライフコーディネーター」と称し、料理のレシピ本も出版するなど、政治家の妻のイメージを塗り替える存在として注目された。

第94代 菅直人(かんなおと)

在任 2010(平成22)年6月8日～
2011(平成23)年9月2日

東日本大震災に翻弄(ほんろう)されながら脱原発(だつげんぱつ)をめざす

東日本大震災の対応に賛否(さんぴ)

　鳩山(はとやま)総理の後任として菅直人(かんなおと)が総理に指名された。菅は弁理士をしながら市民運動(一般の市民が行う政治運動)をしていたが、1980年の衆議院議員総選挙で当選して政界入り。1996年、第1次橋本内閣で厚生大臣として初入閣した。

　菅が名をあげたのは、このときの薬害エイズ事件だ。薬害エイズとは、非加熱血液製剤(せいざい)を治療薬として使用したことで、血友病(けつゆうびょう)患者にエイズ感染が広がった事件。菅は厚生省内に調査班を設置し、厚生省が非加熱製剤の危険性を認識していた資料を発見。患者らに謝罪した。この筋の通った責任ある対応で、菅の評価は国民の間で高まった。

214

平成の総理大臣　75〜98代

　菅の総理就任から半年ほどが過ぎた2011（平成23）年3月11日、東日本大震災が発生する。巨大な津波に襲われた東京電力の福島第一原子力発電所では原子炉を冷却できなくなって、大量の放射性物質が周辺地域へ飛び散る大事故を起こした。菅は震災翌日に被災地を視察したほか、自ら福島第一原発に乗り込み所長に直接説明を求めた。これには「政治的パフォーマンスで、かえって事故対応の初動が遅れる要因になった」という声もある。

　菅はこの事故を受けてエネルギー政策にメスを入れ、「原発に依存しない社会をめざすべき」と表明した。経済界からは具体性がないと批判されたが、賛成の声も大きかった。

　その後、震災後の対応が不十分であるとして、6月に自民・公明両党などにより内閣不信任決議案が衆議院本会議に提出される。民主党内でも小沢一郎らが不信任案に同調する構えを見せたが、菅が「対応に一定のめどがついた段階で、若い世代に責任を引き継ぐ」と発言をしたことで結局、内閣不信任決議案は否決された。

原発に依存しない社会をめざす

　与野党からの退陣要求が高まる中、7月の世論調査では就任以降最低の支持率を記録した。そして8月、退陣の条件としていた法案の成立を受けて辞任を表明。「与えられた厳しい環境の下でやるべきことはやった」としつつも、原発事故対応に対しては力不足であると率直に述べた。

麻雀点数計算機を発明

東京工業大学の学生だったころから麻雀をたしなんでいた菅は、麻雀点数計算機を発明して特許まで取得している。開発のきっかけは「点数を数えるのが面倒だから」。大手ゲームメーカーに持ち込んだが、大きすぎるという理由で商品化には至らなかった。菅は、麻雀も政治もいろいろな局面があり、不調なときでもがまんして「しのぐ」ことが大事だという点が似ていると語っている。

第95代 野田佳彦(のだよしひこ)

在任 2011(平成23)年9月2日〜
2012(平成24)年12月26日

消費税引き上げを決断したどじょう総理

消費増税関連法案に着手

　菅の総理辞任後、総理に就任した野田。野田は演説がうまかったことで知られている。2010年に財務大臣に就任して初入閣するまで、駅前で通勤する人々に政策を訴える街頭演説を毎日続けた。国民の人気が上がったのも、その演説からだった。民主党代表選の演説で自らをどじょうに例え「どじょうはどじょうの持ち味があります。金魚のまねをしてもできません」「泥臭く国民のために汗をかいて働いて、政治を前進させる」と力説したのだ。この評判が良かったことから、メディアは野田を「どじょう総理」と呼んだ。就任直後から震災復興や経済低迷からの脱却、ねじれ国会への対応など、課題は山積みであった。

平成の総理大臣　75〜98代

　中でも野田は、消費税を5％から段階的に10％まで引き上げる消費税増税を最も重要な課題として位置付けた。野田は野党だったころは消費税増税について批判していたが、リーマン・ショックや東日本大震災など想定外の出来事が起こったことに加え、増え続ける社会保障費をまかなうために、もはや増税も仕方ないという考えになっていたのだ。

　民主党の公約にない増税に対して各方面から批判が相次いだが、野田は2012（平成24）年3月に消費増税を含む「社会保障と税の一体改革関連法案」を国会に提出した。

消費税のアップ、そして政権交代へ

　野田がめざす消費増税には、参議院で過半数の議席を占める自民党の協力が必要だった。6月に民主、自民、公明の3党で法案について合意したが、自民党内には関連法案の成立を阻止して解散に追い込むことをもくろむ勢力が残っていた。そのため野田は「関連法案が成立したら近いうちに解散する」と発言。8月10日、法案は可決成立した。

　そして11月14日、国会で行われた党首討論の場で、2日後に解散することを突如宣言した。これを受けた12月16日の衆議院議員総選挙で民主党は大敗を喫することになり、ここで民主党政権は幕を閉じた。

松下政経塾出身で唯一の総理

野田は、パナソニックの創業者・松下幸之助が次世代の国家指導者を育成すべく設立した松下政経塾の出身。この政治塾では4年間寮生活を送りながら、政治経済や茶道をはじめとする伝統文化、武道などさまざまな研修を受けた。多くの政治家や企業家を生み出してきた松下政経塾であるが、出身者の中で総理になったのは、現在のところ野田が唯一である。

217

第96代 安倍晋三（あべしんぞう）

在任 2012(平成24)年12月26日～
      2014(平成26)年12月24日

再び総理に返り咲き、アベノミクスを実行

アベノミクスと景気回復

　第1次安倍内閣をお粗末に終わらせた安倍が再び総理の座に就くなどとは誰が予想しただろうか。しかし2012(平成24)年の自民党総裁選を勝ち抜き、民主党からの政権交代によって第2次安倍内閣は誕生した。一度辞任した総理経験者が間をおいて自民党総裁に再選するのは党史上初のことで、総理に再任するのは1948年の吉田茂以来ふたり目だった。

　安倍は、第1次安倍内閣では、自身に近いメンバーを多く起用したことで「お友だち内閣」と批判されたが、その反省を生かしたのか、第2次内閣では、総理経験者の麻生太郎（副総理などを務める）や自民党前総裁の谷垣禎一（法務大臣を務める）といった大物をメ

平成の総理大臣　75〜98代

ンバーに入れ、成熟したところを感じさせた。

　この内閣で主眼となったのが、「アベノミクス」と呼ばれる経済政策だった。アベノミクスは「デフレ脱却のための大胆な金融政策」「機動的な財政政策」「規制緩和などの成長戦略」という「3本の矢」を運営の柱にしており、市場の受けもよく、極度の円高が円安に転じた。株価も大幅に高くなり、大企業を中心に景気回復に成功したともとれる。一方で、2014年4月に消費税が8％に引き上げられたこともあって、庶民にとっては好景気の実感はあまりなかった。

　第2次安倍内閣は高い支持率を保ち続けた。民主党政権への失望の反動や、東京オリンピックの招致成功のほか、「日本を、取り戻す。」をキャッチコピーにして保守派（伝統を尊重する考え方をする人々）に訴えた安倍の言動が、多くの人々の心に「刺さった」のかもしれない。

憲法第9条の解釈を変更

　安倍は集団的自衛権行使容認に向けても動き出す。集団的自衛権とは、自国が攻撃を受けていなくても、自国と関係の深い国が攻撃を受けた場合には、これに対して防衛できる権利である。国連憲章で認められた権利だが、日本には憲法9条がある。そのため歴代内閣は、集団的自衛権の行使は許されないとしてきた。反対の声も強かったが、安倍は国際情勢の変化を理由にその解釈を変更して、集団的自衛権の行使を容認することを閣議決定した。

「アンダーコントロール」の真偽

総理のスピーチ

2013年9月のIOC（国際オリンピック委員会）総会で安倍は、福島の原発事故に関して「アンダーコントロール」（状況は統制されている）と明言。東京招致を成功させた。しかし、8月にはタンクから300トンの汚染水漏れ事故が起きており、また日々大量の汚染水が発生し続けているという状況で、実際は統制されていないと批判された。

219

第97代 安倍晋三（あべしんぞう）

在任 2014（平成26）年12月24日～
2017（平成29）年11月1日

長期政権が続く中、数々の疑惑も生じる

支持に支えられ安倍一強へ

　2014（平成26）年12月の衆議院議員総選挙は安倍の提唱する新しい安全保障体制に賛否が渦巻く中行われたが、蓋を開けると自民党は291議席を獲得し、連立与党を組む公明党と合わせて3分の2以上の議席を確保した。安倍は選挙に強く、結果的に歴代最長となる安倍政権は「安倍一強」などともいわれた。これには多くの国民が積極的に支持したというよりも「ほかにいい人がいないから」という消極的な理由が大きかったともいわれる。いずれにせよ、国民の支持を受けた形となった安倍内閣は力を強めたが、それに慢心したかのような問題も生じた。

　その最たるものが、2017（平成29）年2月と3月に発覚した森友

学園問題と加計学園問題(通称モリカケ問題)だろう。

森友学園問題は国有地が極端に安く売却されたことで問題になったが、安倍の妻である昭恵が売却先である森友学園の名誉校長となっていることが判明し、安倍夫妻の関与による不当な取り引きがあったのではないかという疑惑が高まった。それに対し安倍は、「私や妻が関係していたということになれば、首相も国会議員も辞める」と発言した。その後も、財務省が明恵らの関与をかくそうと公文書の内容を変えたことが発覚するなどしたが、安倍は決して関与を認めようとしなかった。加計学園問題も、大学の新規学部の設立について、理事長が安倍の長年の友人である加計学園に特別の便宜が図られたのではないかという疑惑だが、安倍は関与を否定し続けた。

アメリカとの蜜月関係

国際的にも大きな動きがあった。2016(平成28)年5月にはアメリカのオバマ大統領が現職のアメリカ大統領としては初めて広島を訪問。「核兵器なき世界」に向けた所感を発表した。安倍も同年12月、ハワイのアリゾナ記念館を訪れ、太平洋戦争の開戦のきっかけとなった真珠湾攻撃の犠牲者に哀悼の意を表した。

2017年1月にアメリカ大統領に就任したドナルド・トランプとは「シンゾー」「ドナルド」と呼び合う関係を築き、「ゴルフ外交」を通して親交を深めた。

総理の妻

自由奔放な"家庭内野党"

安倍の妻の昭恵は、ラジオパーソナリティーを務めたり居酒屋を経営したりと、総理夫人らしからぬ自由奔放な活動で知られている。脱原発や反TPPなど、安倍の政治的立場と逆の言動をとることもあり"家庭内野党"とも呼ばれているが、森友問題に自身が深く関与した疑惑もある。しかしこうした批判にも、本人はどこ吹く風といった様子だ。

第98代 安倍晋三（あべしんぞう）

在任 2017(平成29)年11月1日〜
2020(令和2)年9月16日

新型コロナが収束しない中で総理辞任へ

平成から令和へ

　2017(平成29)年10月に行われた衆議院議員総選挙でも自民党は大勝した。これを受けて、第4次安倍内閣がスタートする。4次内閣は吉田茂以来、65年ぶりのことだった。

　国内においては、2016(平成28)年に、82歳と高齢の天皇(現上皇)が体力低下をふまえて、「象徴の務めを果たしていくことが難しくなるのではないかと案じています」と、おことばを述べていた。天皇は2019(平成30)年4月30日に退位し、翌5月より徳仁親王が皇位を継承して、平成から「令和」へと元号が変わった。新元号が菅義偉官房長官によって発表されたことから、菅は「令和おじさん」と呼ばれ、のちに総理に就任する。

平成の総理大臣　75〜98代

新型コロナウイルスが流行

　2019年7月、政府は韓国向けの半導体関連材料3品目の輸出規制を厳格化した。さらに同年8月、日本企業が軍事転用可能な電子部品などを輸出する際に優遇措置を与えていた「ホワイト国」指定から、韓国を除外する決定をする。安倍はこれを、韓国が国際法上の約束を守らない中での必要な措置だと説明した。こうした措置は韓国の強い反発を招き、日韓関係は悪化した。一方で、安倍の強硬な姿勢は、国内の保守派に支持されたという面もある。

　2019年の末、中国の武漢で新型コロナウイルスが確認され、瞬く間に世界的に広がった。翌年には日本でも大流行が始まる。安倍は、2月に全国の小中高校に一斉休校を要請、4月7日に東京など7都府県を対象に「緊急事態宣言」を発した。さらに4月20日には、「全国民へ一律10万円」を給付することを盛り込んだ補正予算案を閣議決定した。これは当初「生活の厳しい世帯に30万円を給付」する方針で閣議決定していたものをひっくり返したために、決定まで時間がかかった。未知のウイルスへの対応という難しい課題ではあったが、混乱した面はいなめない。

　安倍は8月に総理連続在職日数が歴代最長となり、大叔父の佐藤栄作の記録を抜いた。それを見届けたかのように、8月28日に総理の辞任を表明。理由は、持病の潰瘍性大腸炎の再発と語った。

総理の対策

コロナ対策にアベノマスク

　新型コロナウイルスが流行した際、安倍が満を持して実行したのは、当時市場に不足していたマスクの供給を補うため、466億円をかけて1世帯につき布マスク2枚を配るというもの。アベノミクスにちなんで「アベノマスク」と呼ばれた。しかし、1億枚を超えるマスクを短期間に準備することは難しかったのか、この布マスクは、不良品が続出して、たちまち批判の的となった。

223

令和の総理大臣

第99代〜第103代
（2020年〜）

令 和 の お も な 出 来 事

2019（令和元）年　　明治以降初めての天皇の生前退位／
　　　　　　　　　　消費税が10%に

2020（令和2）年　　新型コロナウイルスが全世界で流行／
　　　　　　　　　　第99代総理大臣・菅義偉内閣の成立／
　　　　　　　　　　東京オリンピック・パラリンピックが開催延期に／
　　　　　　　　　　新型コロナ感染拡大による緊急事態宣言の発令／
　　　　　　　　　　GDP戦後最大の下落／立憲民主党の結成

2021（令和3）年　　新型コロナワクチンの接種開始／
　　　　　　　　　　東京オリンピック・パラリンピックが
　　　　　　　　　　無観客で開催／デジタル庁の発足／
　　　　　　　　　　岸田文雄が自民党総裁に。
　　　　　　　　　　第100代総理大臣に就任／
　　　　　　　　　　新型コロナウイルスの変異株
　　　　　　　　　　「オミクロン株」の流行が始まる

2022（令和4）年　　安倍元首相が撃たれ死亡。9月に国葬に

2023（令和5）年　　大谷翔平らの活躍で日本がWBC優勝

2024（令和6）年　　能登半島地震が発生

「令和」時代の到来・安倍晋三から菅義偉へ

歴代で最も長く総理大臣を務めたのが安倍晋三だった。彼は長い不況を克服すべく経済政策に取り組んだ。

大胆な経済政策「アベノミクス」だ!

2016（平成28）年8月、第3次安倍改造内閣が発足。その直後、82歳と高齢の天皇は体力低下をふまえておことばを述べた。

象徴の務めを果たしていくことが難しくなるのではないかと案じています

日本の元号は、明治以降皇位の継承があった場合に限り、改める決まりになっている。
大正、昭和、平成の元号は、天皇が崩御する前後に、慌ただしく決められていた。

お亡くなりになられた!

新元号だ!

明治以後初めてとなる天皇の生前退位が決まり、改元で、世の中はお祝いムードとなった。

次は「永安」だ!

いいや「安久」だ!

新元号を当てた人にわが社の商品をプレゼントしますよ!

アシカショーでも予想しまーす!

第99代 菅義偉(すがよしひで)

在任 2020(令和2)年9月16日〜
2021(令和3)年10月4日

コロナウイルスに翻弄(ほんろう)されて支持率を下げる

公助よりも自助(じゅうし)を重視

　体調不良で辞任した安倍(あべ)の後継者(こうけい)には、安倍の長期政権(せいけん)を官房(かんぼう)長官として支え続けた菅義偉に白羽の矢(や)が立った。菅は自民党総裁選(さい)でダントツの票数を獲得(かくとく)し、石破茂(いしばしげる)や岸田文雄(きしだふみお)を破って総理に就任(しゅうにん)した。

　就任時の記者会見では「自助・共助・公助、そして絆(きずな)」をキャッチフレーズにした。困ったときには「まず自分でやってみる。次に家族、地域でお互いに助け合う。それでもだめであれば、国が責任を持って守る」という考え方だ。しかし、当時は日々深刻(しんこく)化する新型コロナウイルスの脅威(きょうい)によって経済(けいざい)的な不安を抱える国民が多くいる状況であり、公助を最後に置く菅の言葉に不満を持つ国民も

令和の総理大臣　99〜101代

多かった。

　菅はまず、看板政策のひとつである携帯電話料金の引き下げを実現させたが、あまり話題にはならなかった。それよりも当時、国民の関心は新型コロナウイルスと2021（令和3）年に開催予定の東京オリンピックに向いていたのだ。

菅では選挙に勝てない？

　2021年に入っても新型コロナウイルスの感染者は増え続け、各地で緊急事態宣言が何度も発令されるようになった。その度に総理の会見が行われたが、原稿の棒読みやリーダーシップに欠ける姿に批判が集中。ワクチンの接種が諸外国におくれを取ったことも政権に打撃を与えた。さらに、東京オリンピックの開催に関しても具体的な感染症対策は説明せず、「安心、安全な大会にする」と繰り返すばかりで、次第に国民の気持ちは離れていった。

　与党内では、ようやく開催にこぎつけた東京オリンピックの成功によって支持率が回復するのではと楽観視する向きもあったが、現実はそうとはならず、衆議院の任期満了に伴う秋の総選挙に「菅では勝てない」とささやかれるようになる。

　当初、菅は続投に意欲的だったが、党内に漂う「菅おろし」の空気を察したのか、一転して退任する決意を表明、10月4日に菅内閣は終幕を迎えた。就任当時最高で74％だった内閣支持率は、最後には30％以下まで落ち込んでいた。

パンケーキがお気に入り

菅はお酒は一切飲めず、甘いものが大好きだという。特にパンケーキには目がなく、ホテルニューオータニのレストラン「SATSUKI」のパンケーキがお気に入りなのだとか。パンケーキを前に満面の笑みを浮かべる菅の写真を萩本真利衆議院議員がツイッターに上げたところ、2万5000件を超える「いいね」を獲得。「パンケーキおじさん」というニックネームもついた。

第100代 岸田文雄
きしだふみお

在任 2021(令和3)年10月4日〜2021年11月10日

衆院選勝利のため
超短期の内閣が
あわただしく発足

100代目の総理に就任

　衆議院議員の任期満了に伴う総選挙を控えた2021(令和3)年8月、次期総理の座をかけた自民党総裁選に真っ先に出馬を表明したのが岸田だった。総裁選では、前政権でワクチンの手配を行い国民の人気が高い河野太郎、安倍晋三からの信頼が厚い高市早苗、子ども政策を重視する野田聖子らと票を競った。支持率を下げていた自民党が、目前に迫った選挙に勝つために、各人がさまざまなアピールを交わした結果、岸田が次期総裁に決まり、第100代総理に就任した。当選後の初挨拶で岸田は「特技は人の話をしっかり聞くということ」と意気込みを示した。

　これまでの政権が二階俊博や麻生太郎など党内の有力な議員を

令和の総理大臣　99〜101代

重く用いていたのに対し、岸田は若手の要職起用を主張。自民党が生まれ変わるのではと期待され、実際に13人を初入閣させたが、党内の各方面に配慮したと思われるメンバーもいて、閣僚の平均年齢は61.8歳と、菅前内閣発足時の60.4歳を上回る結果となった。岸田政権は50％近い内閣支持率でスタートした。

また、衆議院議員の任期満了までの期間が残りわずかであったため、歴代最短の在職日数となることが発足当初から予定されていた内閣でもあった。

衆院選に向けて

衆院選後の続投をめざす岸田が、総裁選のときから訴えていたのは、前政権からの大きな懸案である新型コロナウイルス対策だった。感染症対策の中心となる健康危機管理庁の創設や、経済活動を促進させる「Go To トラベル」の後継策「Go To 2.0」の実施を表明した。一方、国民からは、うやむやにされてきた安倍元総理の森友学園問題などの疑惑の解明を求める声も上がり、「話を聞く」総理がこれにどう対応するのか注視された。

10月8日の所信表明の締めくくりに岸田が語った、「明けない夜はありません。国民の皆さんと共に手を取り合い、明日への一歩を踏み出します」という言葉は、コロナで苦しむ国民を励ますとともに、間近に迫った秋の衆院選に向けての決意表明でもあったのかもしれない。

最難関名門高校・開成OB初の総理が誕生

東京都内の名門男子校（中学・高校）の「御三家」として知られる開成、麻布、武蔵は、多数の政治家や官僚の出身校でもある。総理としては、麻布は橋本龍太郎と福田康夫、武蔵は宮沢喜一を輩出しているが、開成出身の総理は1人もおらず、岸田が初である。同校は、多くの卒業生が東京大学に進学するが、岸田は2度不合格になり、早稲田大学法学部に進学した。

231

第101代 岸田文雄
きしだふみお

在任 2021(令和3)年11月10日～
2024(令和6)年10月1日

少子化対策、防衛費。「増税メガネ」とあだ名される

異次元の少子化対策を表明

2021(令和3)年10月31日に行われた衆議院議員総選挙で、自民党は単独過半数の議席を獲得して勝利し、岸田は引き続き総理に就任する。11月10日に第2次岸田内閣が発足した。

岸田といえば「新しい資本主義」「貯蓄から投資へ」といった数々のキャッチフレーズを打ち出したが、なかでも特に力を入れた政策は「異次元の少子化対策」だろう。新たにこども家庭庁を設立し、「こども未来戦略」を策定した。その戦略の一環として示されたのが児童手当の拡充だ。支給の所得制限を撤廃し、中学生年代までだった支給期間は高校生年代まで延長。具体的には、2024年10月分より、0～3歳未満は月額15,000円、3歳～高校生は月額

10,000円を給付することとし、さらに第3子以降の支給額を全期間で月30,000円に増額して、子育てを経済的に支援した。

実は増税していない!?

2023年頃から、岸田を揶揄する「増税メガネ」というあだ名が世に広まる。きっかけは2022年12月に防衛費増額を決めたことだ。これは、世界情勢の緊迫などを理由とするものだが、その財源として2027年度に向けて段階的な増税を検討する考えが示された。相次いで、先に述べた「異次元の少子化対策」でも財源について議論されたことで、国民の間になんとなく「また増税か…」という雰囲気が漂う。挙句についたあだ名が「増税メガネ」だった。岸田はこのあだ名に対し「どんなふうに呼ばれても構わない。やるべきだと自分が信じることを決断し実行していく」と決意を示した。なお、国民負担を増やす施策を打ち出しこそしたが、岸田内閣での増税は行われていない。

2023年5月には、岸田の地元・広島で、G7サミットが開催された。サミット後は支持率もやや回復し、この時点で解散総選挙に踏み切っていれば、岸田内閣はさらに続いたかもしれない。しかし、解散はされなかった。その後、自民党のいわゆる「裏金議員」の問題が明るみになると、内閣支持率は20％台へ低下。このままでは選挙を戦えないと考えたのか、2024年8月、岸田は翌月の自民党総裁選挙への不出馬を表明した。

総理の野球

野球好きで広島カープのファン

岸田は開成高校時代、野球部に所属していた。ポジションはショートかセカンド、打順は1番か2番。のちに広島東洋カープで1番ショートとなる高橋慶彦氏との対戦経験もあるという。広島県出身の岸田はやはりカープファン。カープのユニフォーム姿で取材を受けたり、カープの本拠地で始球式を務めたりするなど、各所でカープを愛する姿をみせている。

第102代 石破茂(いしばしげる)

在任 2024(令和6)年10月1日〜2024年11月11日

5回目の挑戦で
党内の嫌われ者が
ついに総裁に

経験豊富な政策通にして、やり手の論客(ろんきゃく)

　1986(昭和61)年の衆議院議員総選挙に29歳の若さで初当選し、政界入りを果たした石破は、以来、防衛大臣や農林水産大臣などの閣僚を歴任。党三役である幹事長や政調会長にも就任するなど、重要ポストを任されてきた。経験豊富な政策通であり、自らの言葉で政治を語れる党内きっての「論客」として知られている。

　一方で、自民党議員の間では人気がなく、支持基盤の弱い「嫌われ者」という一面も。その主たる原因は、政局がどうあれ自分の意見を曲げることなく、たびたび党執行部のやり方に反対してきたことだ。特に1993(平成5)年には、自民党を離党して新生党(当時)に入党している。約3年後に復党したが、今でも石破を「裏切者」と

令和の総理大臣　99〜103代

考えている自民党議員もいるようだ。さらに、首相時代の安倍晋三を何度も痛烈に批判しており、両者の仲が冷え切っていたことは、ここ十年あまり石破が党内で非主流派に甘んじてきた理由のひとつであろう。

高市早苗（たかいちさなえ）との決選投票に勝利

　石破は、2024（令和6）年9月の自民党総裁選に立候補する。5回目の挑戦だった。前評判では、石破と、若手のホープである小泉進次郎、日本初の女性総理をめざす高市早苗とで三強の争いと言われていた。

　過去最多の9名が立候補したこの総裁選では、一回目の投票で高市が議員票72票・党員票109票を集めて一位、石破は議員票46票・党員票108票で次点となり、両者の決選投票に突入する。相変わらず、議員票では弱い石破。

　しかし、今回は違った。決選投票の議員票は石破が189票、高市が173票。大逆転で石破が勝利したのだ。保守色の強い高市を警戒した岸田首相が、石破支持にまわったことが鍵となったとも言われている。

　総理となった石破は「新政権は、できる限り早期に国民の審判を受けることが重要」として、就任からわずか8日の「戦後最短」で衆議院を解散し、総選挙に突入する。その結果は、予想外のものとなった…。

石破もベタ惚れの糟糠の妻

5度目の挑戦でようやく総裁選に勝利した苦労人の石破を支えたのが妻の佳子だ。慶應義塾大学在学中に一目ぼれした石破は、一度は振られるも猛アタックを実らせ結婚。政界入り後、佳子は東京で政務に集中する石破に代わり、支持者対応などをそつなくこなし、地元・鳥取での人気は石破本人以上だという。石破自身も「18歳に戻ったとしても、やっぱり妻と会いたい」とベタ惚れだ。

第103代 石破茂(いしばしげる)

在任 2024(令和6)年11月11日〜

30年ぶりの少数与党で厳しい政権運営に

新総裁の衆院選で与党が過半数割れ

　石破の総理就任後、すぐに行われた2024(令和6)年の衆議院議員総選挙で、自民党は公示前の247議席から50議席以上を失い、現職の大臣まで落選するなど大敗を喫した。公明党と合わせた与党でも過半数割れを起こす結果となった。

　与党が敗れた最大の原因は、いわゆる「裏金問題」だろう。自民党の派閥が主催する政治資金パーティで、政治資金規制法に違反して、収入の一部を政治資金収支報告書に記載していなかったという問題だ。自民党は不記載があった議員の一部を公認しないなどして反省を示し選挙に臨んだが、物価高による生活苦を抱える国民からは厳しい審判が下った。

令和の総理大臣　99〜103代

　総理交代後の期待感のあるうちに解散総選挙を行うという岸田政権では成功した手法は、今回は失敗に終わった。総理就任後の石破が、党内融和(ゆうわ)に気をつかうあまりに徐々にトーンダウンしていく姿に、失望した人が、少なくなかったことも原因だろう。

国民民主党をめぐる駆け引き

　与党が過半数割れを起こしたため、注目されたのが総理指名に向けた多数派工作だった。この状況で鍵を握ったのが、選挙前の7議席から4倍増の28議席へと大きく議席を伸ばした、玉木雄一郎率いる国民民主党だった。玉木は与野党どちらにも与(くみ)することなく、政策ごとに態度を決すると明言する。これにより、かねて国民民主党が訴えてきた「103万円の壁(年収103万円を超えると所得税が課され、親などの扶養からも外れて税負担が増す)」見直しといった政策が注目を浴びた。

　結局、総理指名の決選投票で、国民民主党は「玉木雄一郎」に投票すると党議拘束をかけた。結果として、11月11日の首相指名選挙では、比較第一党である自民党の石破が勝利し、第二次石破内閣が発足した。

　これは、羽田内閣以来30年ぶりの少数与党内閣である。その不安定な立場に加え、自民党内でも選挙の敗北について石破の責任を問う声もあがっており、2025年夏に参議院議員選挙を控え、まだまだ波乱含みの政局が続きそうだ。

総理の趣味　「オタク宰相」の趣味は鉄道に、アイドルに…

石破は、自他ともに認める鉄道マニアである。その深掘りする姿勢から「オタク宰相」ともあだ名され、他にも興味の範囲はアニメ、軍事と幅広い。アイドルにも詳しく、特に1970年代のアイドルグループ「キャンディーズ」の熱烈なファン(ミキちゃん派)である。過去の取材では、自身がキャンディーズより『年下の男の子』(ミキちゃんより1歳年下)だと、嬉しそうに語っていた。

参考文献

『池田勇人ニッポンを創った男』 鈴木文矢著／双葉社

『石橋湛山論 言論と行動』 上田美和著／吉川弘文館

『伊藤博文 近代日本を創った男』 伊藤之雄著／講談社

『覚えておきたい総理の顔100 歴代総理のガイドブック』 本間康司著／清水書院

『権力者 血脈の宿命 安倍・小泉・小沢・青木・竹下・角栄の裸の実像』
　　松田賢弥著／さくら舎

『小泉進次郎と福田達夫』 田崎史郎著／文藝春秋

『宰相田中角栄の真実』 新潟日報報道部著／講談社

『幣原喜重郎とその時代』 岡崎久彦著／PHP研究所

『首相列伝 伊藤博文から小泉純一郎まで』 宇治敏彦著／東京書籍

『素顔の首相と大物政治家 戦後篇』 清宮龍著／善本社

『図説 東京裁判』 太平洋戦争研究会編・平塚柾緒著／河出書房新社

『図説 明治の宰相』 伊藤雅人・前坂俊之編著／河出書房新社

『戦後 日本の首相──経済と安全保障で読む』 中野明著／祥伝社

『戦後日本の宰相たち』 渡邉昭夫編／中央公論新社

『隆元のわが宰相論 戦後歴代総理の政治を語る』 細川隆元著／山手書房

『内閣総理大臣ファイル 歴代62人の評価と功績』 株式会社ジー・ビー著／
　　株式会社アントレックス

『日本の内閣総理大臣事典 リーダーシップをつかさどる人たち!!』
　　塩田潮監修／辰巳出版

『日本の歴代総理大臣がわかる本』 岩見隆夫著／三笠書房

『日本をダメにした九人の政治家』 浜田幸一著／講談社

『別冊歴史読本 明治天皇 幕末明治激動の群像』 新人物往来社

『山県有朋 愚直な権力者の生涯』 伊藤之雄著／文藝春秋

『歴史群像シリーズ 実録 首相列伝』 学習研究社

『歴代首相物語 増補新版』 御厨貴編／新書館

『歴代総理の通信簿 国家の命運を託したい政治家とは』
　　八幡和郎著／PHP研究所

『1945-2015総理の演説 所信表明・施政方針演説の中の戦後史』
　　田勢康弘監修・解説／バジリコ

『若き血の清く燃えて 鳩山一郎から薫へのラブレター』 鳩山一郎著
　川手正一郎編・監修／講談社
『佐藤寛子の宰相夫人秘録』 佐藤寛子著／朝日新聞社出版局
『近衛文麿内閣関係者が語る 諸家追憶談』 杉並区教育委員会編
『日本史用語集 A・B共用 改訂版』 全国歴史教育研究協議会編／山川出版社

参考ウェブサイト

首相官邸ホームページ　https://www.kantei.go.jp/
内閣府ホームページ　https://www.cao.go.jp/
国立国会図書館ホームページ　近代日本人の肖像
　https://www.ndl.go.jp/portrait/
吉田松陰.com　http://www.yoshida-shoin.com/
Wikipedia

ニッポンの総理大臣図鑑
2024年12月17日　第1刷発行

発行人	川畑 勝
編集人	滝口勝弘
企画・編集	安藤聡昭
発行所	株式会社Gakken 〒141-8416　東京都品川区西五反田2-11-8
印刷所	中央精版印刷株式会社

[この本に関する各種お問い合わせ先]
●本の内容については、下記サイトのお問い合わせフォームよりお願いします。
　https://www.corp-gakken.co.jp/contact/
●在庫については　Tel 03-6431-1201（販売部）
●不良品（落丁、乱丁）については　Tel 0570-000577
　学研業務センター　〒354-0045 埼玉県入間郡三芳町上富279-1
●上記以外のお問い合わせは　Tel 0570-056-710（学研グループ総合案内）

©Gakken

本書の無断転載、複製、複写（コピー）、翻訳を禁じます。
本書を代行業者等の第三者に依頼してスキャンやデジタル化することは、
たとえ個人や家庭内の利用であっても、著作権法上、認められておりません。

学研グループの書籍・雑誌についての新刊情報・詳細情報は、下記をご覧ください。
学研出版サイト　https://hon.gakken.jp/